あきらめない！　ヘミシンク２

自己流アセンション

―あなたに一番の方法が見つかる本―

芝根秀和

推薦の言葉

みなさん、お待たせしました。『あきらめない！ヘミシンク』の続編がついにできました。

ここには、苦節2年の末に2006年4月のライフライン参加でヘミシンクのコツをつかんだ著者のその後が克明に描かれています。

コツはそのまま使えたのか、さらにブラッシュアップされたのか、それともまったく新しいコツが登場するのか、読んでのお楽しみです。

本書にはエクスプロレーション27やスターラインズ、スターラインズⅡといったモンロー研プログラムでの体験やアクアヴィジョンのトレーナーとしての体験など、興味深い内容が目白押しです。

ただ、本書が単なるヘミシンク体験本と違う点は、そういったヘミシンク体験と同時並行して起こる現実世界でのできごとにも紙数が割かれていることでしょう。

　サルサというダンスの練習を始めたり、「引き寄せの法則」や「ホ・オポノポノ」に傾倒したり、本を書いたり、アクアヴィジョンの裏方業務をやったり……（これを読むとアクアヴィジョンの歴史も詳しく書かれていて、私自身そんなこともあったなと懐かしく思い出しました）。

　本書の醍醐味は、そういった日常の現実世界での現象が、ヘミシンク体験とリンクして著者にさまざまな気づきをもたらしていくということを、時系列に読んでいくことができる点ではないでしょうか。そのため、読者もいっしょになって気づきを得ていきます。

　そして、本書の最後にはさらに大きな視点から全体を見ることになります。著者自身、本書を書き上げた段階で初めてこの大きな視点に気がついたとのことです。そのため、本書を初めの部分に戻って、その視点から少し書き換えなければならなかったそうです。

　それがどういうものかは、読んでのお楽しみということで、ここでは深入りしないことにします。

　それでは、『あきらめない！　ヘミシンク2』、おおいに楽しんでください。Ｈａｖｅ　Ｆｕｎ！

モンロー研究所レジデンシャル・ファシリテーター
（株）アクアヴィジョン・アカデミー代表取締役
坂本政道

もくじ●「あきらめない！　ヘミシンク2」

自己流アセンション――あなたに一番の方法が見つかる本

第2章
スランプから至高体験へ　～上の如く下も然り～

第3章
身近なところから幸せに　～内の如く外も然り～

第4章
ほんとうの自分として生きていく　～ループからの離脱～

はじめに

本書は、拙著『あきらめない！ヘミシンク』の続編です。

前著では、ヘミシンクとの出会いから、試行錯誤の末にヘミシンクのコツをつかむまでの、私自身の体験や気づきを詳細にレポートしました。それは、いわばスタート地点に立つまでの記録です。２００７年ころまでの話でした。

ヘミシンクを使った本格的な探索と探求は、そこから始まりました。本書は、２００７年から現在に至るまでの記録をまとめたものです。

本書では、普通の人から見れば不思議な体験、驚愕の体験と言えるものが、たくさん登場してきます。たとえば、宇宙旅行、生命エネルギーの体感、集合意識との交信、体外離脱体験……などなど。

しかし、ヘミシンクをやっている人の多くは、私と同じような体験をしています。ですから、体験したこと自体は、たいして珍しいことではありません。「だから何なのよ」と。大切なことは――その体験を通して何を得たか、何に気づいたか、それによって生き方がどのように変わっていったか、ということだと思います。

本書は、前著と同様、何かを体系的にまとめるとか、結論を導き出すといったものではありません。ましてや、何かの教えを説くようなものでもありません。私は、体験から学ぶ、実践して身につける、ということを重視してきました。本書でも、私自身の体験と気づき、探索と探求のプロセスを、余すところなくお伝えしたいと思っています。本書の中から一つでも二つでも、みなさんの参考になることを見つけていただければ幸いです。そして、「なるほど！」「私もやってみよう！」「あきらめないで、続けてみよう！」と思っていただければ、これに勝る喜びはありません。

「自分とは何者か」「私は何のために生まれてきたのか」「ほんとうの自分とは何か」「ほんとうの自由とは何か」……このような〝根源的〟な問いに向かって、私はヘミシンクを使って探求してきました。

今、それらの問いに対する、「答えの見つけ方」がわかってきたような気がしています。答えが見つかったわけではありません。「どうすれば答えが見つかるか」という方法がわかってきたのです。

それを、私は**「自己流アセンションーー第3密度ループからの離脱法」**と名付けました。

これは、あくまでも私の方法です。あなたには、あなたの方法があるはずです。あなたも、見つけてください。きっと、あなたにも見つけられます。

焦る必要はありません。自分を信頼し、自分の内なる声に耳を傾けながら、自分なりのペースで進んでいけば、必ず道は開けます。

どうか、本書を最後までお読みください。けっして損はさせません。

さあ、それでは、ワクワクするような、ヘミシンクの旅に、ご一緒しましょう。

2013年6月
芝根秀和

「アセンション」や「第3密度」についてご存知ない方がいるかもしれませんが、どうぞそのまま読み進んでください。第4章の最後にタネ明かしします。お楽しみに!

本書は、読者の皆さんが、ある程度はヘミシンクの知識を持っていることを前提に書いています。ヘミシンクについてあまり知らない方は、巻末の資料をご覧ください。モンロー研究所やヘミシンクについての基礎情報を載せています。さらに詳しく知りたい方は、拙著『これならわかる！ ヘミシンク入門の入門』（ハート出版）や、坂本さん、ロバート・モンローなどの本をお読みいただくか、モンロー研究所やアクアヴィジョン・アカデミーのホームページをご覧ください。

第1章

導きの始まりと新しい出会い　～宇宙からの招待～

ブレイクのあとトレーナーに

これまでの経緯を、前著『あきらめない！ヘミシンク』から要約します。

2004年から、私は本格的にヘミシンクに取り組みはじめました。とにかく試行錯誤の連続でした。どうやったらヘミシンクの体験が深まっていくのか――いや、もっと前の段階ですね。どうしたらヘミシンクを聴いている最中に寝ないでいられるのか――という段階からのスタートでした。「ヘミシンク」ならぬ「ヘボシンク」です。

何度かセミナーに出たり自宅学習を続けても先が見えず、落ちこぼれ、挫折してあきらめかけたとき、坂本さんがヘミシンク・セミナーを開始したことを聞いて、これが最後のチャンスだと思って参加しました。その結果、気を取り直して続けようと決心しました。

そして、2005年9月にモンロー研究所を訪れ「ゲートウェイ・ヴォエッジ」プログラムに参加しました。ほぼ同時にユング心理学の『アクティブ・イマジネーション』に出会ってきっかけをつかみ、翌2006年4月の「ライフライン」プログラムで、やっと〝ブレイク〟できました。ヘミシンク・エクササイズのコツをつかんだのです。

その後は、ガイドとの邂逅セミナー、死後体験セミナーなどのセミナーに参加し、つかんだコツを定着させてきました。

アクアヴィジョンのヘミシンク・トレーナーに応募したのもそのころでした。よく決心したものです。私はただひたすら自分のことだけ考えてやってきました。人様に教えるような柄じゃありません。それなのに、応募してしまいました。いいのかな？　と悩みながらも、「やってみたい」という衝動にしたがうことにしたのです。

紆余曲折――2007年8月に、やっと正式にトレーナーを名乗ることができました。

その間、ヘミシンクや瞑想中に、何度か「白いガイド」に導かれてきました。白いガイドは女性であったり、男性の老人（〝ガンダルフ〟）であったりしましたが、彼らのガイダンスがあったことは間違いありません。女性のガイドは、心の中の黒いブロックを解き放つのを手助けしてくれました。〝ガンダルフ〟は私と一体化することでエネルギー（自信）をチャージしてくれました。向こうの世界（フォーカス27）にいる私の側面（〝クリスタル・ムーン〟）は、こちらの世界の私と軌を一にするかのように、長いヒーリング期間を終えて、向こうの世界のヘルパーとして働き始めました。

さて、アクアヴィジョンのトレーナー制度が始まったとき、試験に合格したのは7人でした（現在は11人）。トレーナーはそれぞれの地元で、セミナーを主催しはじめました。当時は全員が試行錯誤。お互いに情報交換したり、助っ人としてセミナーを手伝いに行くなどして助け合いました。私も函館や静岡、大阪に手伝いに行ったことがあります。

ほぼ同時期に、アクアヴィジョンの東京セミナー会場が、品川から上野御徒町に移りました。セミナーの回数は増え、上野の会場では毎週末のようにアクアヴィジョン主催のセミナーが開催され始め、私たちトレーナーも交代で頻繁に担当するようになりました。当時のアクアヴィジョンは、創業期のベンチャー企業のような雰囲気で、熱気にあふれていました。

私自身も、トレーナーとして試行錯誤の連続でした。参加者の方は千差万別。対応はマニュアル通りにはいきません。最初のころはセミナーが終わると疲れてヘロヘロになっていました。帰りの電車の中で爆睡し、駅員さんに起こされたのも一度や二度ではありません。

現在は行なっていませんが、当時は私も自分で主催セミナーを開催していました。会場を予約し、参加者の方を募集し、セミナー当日は機材を持ち込んでセッティングし……。

当時のエピソードの一つをお話しします。

第一回目の開催を前にして、心配性の私はドキドキしていました。準備万端整えたつもりでも、何か見落としがあるのではないか……。ある日、こんな夢をみたのです。

セミナー当日の朝です。私は遅刻してしまいました。必死で会場に駆け付けます。到着すると、すでに参加者の方は全員そろっていました。「すみません」。坂本さんがメンター

（助言・指導をしてくれる人）として来てくれていたので、相手をしてくれていました。

「すみません。すみません」。私は汗だくでした。

さあ、これから始めよう、と思ったとき……げげっ！　セッション用のCDを忘れてきました！　――どえらいことです。これではヘミシンクのセミナーになりません。真っ青。冷や汗。茫然自失。

坂本さんが「ひでさん（私のことです）、自宅まで往復で何分くらいかかる？」と。

「たぶん、一時間ちょっとで往復できると思います。途中までカミさんに持ってきてもらえば…」

「じゃあ行ってきて。それまで私が話をつないでおくから」

「わかりました！　お願いします！」といって建物の外に出ると、なぜかママチャリ（自転車）が置いてあります。なぜか私はそれに乗って、必死で漕ぎ始めました。

「これでは間に合いそうにない！　どうしたらいいんだ？　ハアハア」


……というところで目が覚めました。リアルな夢でした。実際に汗だくになって、息も切れていました。

後になって坂本さんにこの話をしたところ、「ひでさんは真面目だからそんな夢をみるんじゃないのかな。不真面目な人はそんな夢なんてみない。ぼくもいまだに学生時代の夢をみるよ。これからまた東大受験をしないといけない夢」だそうです。

トレーナーとしての活動を始めてみると、セミナーに参加される多くの方が、かつての私と同じような疑問や悩みをもっているということがわかってきました。ヘミシンクを聴くと寝てしまう。何も見えない。体験できない。雑念ばかり。イメージを自分の勝手な空想・妄想だと思って否定してしまう。焦る。あきらめたくなる……。

私はそれまでひたすら自分のことだけを考えて、努力してきました。私がつかんだコツは、私にだけ通用するものだろうと思っていました。しかし、トレーナーになってみると、私が体験したことは、他の人にも参考になる、ということがわかってきました。私が自分のコツをお話しして、それを実行した方から、「うまくいきました」という報告をいただくようになったのです。

これは大きな発見でした。うれしかったです。自信ができたとは言えませんが、安心して自分のつかんだコツをお伝えできるようになりました。そのような経験が、前著『あきらめない！ヘミシンク』の執筆へとつながっていったのです。しかし、当時は、自分が本を書くようになるなど、夢にも思っていませんでした。

ともあれ、私はトレーナーとしての活動を開始しました。平日は稼業の仕事も並行して行なっていました。週末起業ならぬ、週末トレーナーです。泡沫トレーナーではありません（これダジャレ）。

同時に、まだまだへミシンクを使った意識の探究も続けていくつもりでした。モンロー研プログラムも、主なものだけでも「エクスプロレーション27」「スターラインズ」「スターラインズⅡ」と残っています。

「エクスプロレーション27」

二度目のライフラインを終えた後、同じ２００７年11月に行なわれた「エクスプロレーション27」に参加しました。日本人向けの第一回目です。会場は、二度目のライフラインと同じ熱海のリゾートホテル。繁華街から離れた山の上にあります。

このプログラムの主な目的は、フォーカス27のさらなる探索と、新しいフォーカス34／35の領域の探索。そして（非物質の）地球コアの訪問です。また、フォーカス27を維持運営している知的存在たちとの交流も含まれます。

フォーカス34／35は、地球生命系への出入り口であり、時間を超えた意識の広がり・つながり（I／There）が把握される、と言われています。また、近年地球と人類意識のアセンション（次元上昇）が話題になっていますが、このレベルには現在、地球外生命体が多数集まっていて、今後起こる地球生命系の一大変化を観察しているとも言われています。その現象をロバート・

モンローは「ギャザリング」と呼びました。

I／There（アイ・ゼア）とは、ロバート・モンローが使っていた言葉で、「こちら側」で生きている今の自分に対する「向こう側」の自分のことです。「こちら側」の自分はI／Here（アイ・ヒア）と呼んでいました。

I／Thereは、一般的にはトータルセルフとかオーバーソウル、あるいは類魂といった概念が近いと思われます。私という存在は、この私だけではなく、たくさんの私によって構成されている私たち――トータルセルフ――の一員である、という考え方です。

このときの担当トレーナーであるモンロー研のフランシーン・キングは、I／Thereを「集合的自己（Collective Self）」と呼んでいました。この言葉を、私はとても気に入りました。集合的無意識、集合的自己――カッコいいです。

他に、このプログラムの最中に、フランシーンの言った言葉でピンときたものを紹介すると……。

「喜びは、偉大なヒーラー」
「フォーカス27は喜びのエネルギーで満ち溢れている」
「イマジネーション（想像）をパーセプション（知覚）の手段にする」
う～ん……カッコいいです。

さて、エクスプロレーション27のプログラムは、受け入れの場（レセプションセンター）から始まるフォーカス27の世界を、プログラムにしたがって、癒しと再生の場（ヒーリング＆レジェネレーションセンター）、教育の場（エデュケーションセンター）、計画の場（プランニングセンター）と、くまなく探索していきます。

興味深かったのは、プログラム3日目、フォーカス27を維持運営している知的存在である、コーディネイティング・インテリジェンス（略してＣＩ）との交流でした。

このセッションでは、ＣＩに会いに行くように誘導されます。そして出会ったあと、ＣＩと会話します。「フォーカス27の歴史は？」「ＣＩの役割は？」「地球生命系を終えた生の次のステップは？」などなど。

ふと気づくと、私は超高層ビルの屋上に立っていました。周囲を見渡すと、このビルと同じ高さの建物は見当たりません。見晴らしがいいです。水平線が見えます。夕焼けなのか、向こうのほうは薄くオレンジ色です。反対側には、遠くに丘のような緑の大地が見えます。

屋上は、そんなに広い場所ではありません。せいぜい50㎡～70㎡くらいの広さしかありません。長方形です。両端には建物への入り口があります。下へ向かう階段が見えます。

ずいぶんのっぽな建物だなあと思って端っこにいって下をのぞいてみると、建物の下のほうは広がっていて、円錐形のような形になっているようでした。

屋上には、たくさんの〝洗濯物〟が干してあります。すべて、白いタオルです。薄い、日本手ぬぐいのような布切れです。とにかく洗濯物のタオルだらけ。

よく見ると、中央あたりで洗濯物を干している人がいます。私は近づいていきました。その人は、エプロン姿のオバサンでした。がっしりとした体型で、髪はパーマをかけています。白のブラウスに黒いスカート。腰にはエプロン。サンダルを履いています。どう見ても、オバサン。

「オバサン」、私は声をかけました。……。返事はありません。オバサンは知らん顔です。

「オバサン！」、もう一度大きな声で声をかけました。やっと、オバサンは私のほうに目を向けました。

「オ、オバサン。こんにちは。コーディネイティング・インテリジェンスって人に会いに来たんですが、会えますか？」

オバサンは黙ったままです。黙々と洗濯物を干しています。しかたなく、私は階段のほうに引き返しました。階段はらせん状になっていて、下のほうに続いています。よく見ると、階段の壁には、何か絵が描かれているようです。文字も見えます。延々と続いています。何の絵か、しばらく見ているとわかりました。そこには、地球と人類の歴史が書かれているようでした。具体的にどんな絵だったのか覚えていません。再現できません。でも、歴史が書かれている、ということはわかりました。しかも、見ているうちに、絵はどんどん書き換わっていきます。おお……リアルタイムだ。

私は、今見た絵のことを話そうと思い、オバサンのところに戻りました。そして、口を開こうとしたそのとき——「そうだよ」とオバサンが答えました。「え？」「そうだよ。地球の歴史だよ」。オバサンは洗濯物を干しながら、こちらを見ようともしないで答えます。

「ぼくの言おうとしていることが、わかるんですか？」

「わかるよ」

そのとき、このオバサンがＣＩのひとりだ、ということを私は理解しました。このオバサンが……。

「そうだよ。何か悪いかい？」

「あ、え、いえいえ……」

驚きました。洗濯物を干しているオバサンがＣＩでした。というか——私にはそのように認識される——ということです。

しばらくの間、私はオバサン……いや、ＣＩとの会話を試みました。私はまだまだ向こうの世界での言語コミュニケーションに慣れていません。会話と言うよりも、ふとそう思うとか、直感、印象などの感覚です。以下は、会話風に記述します。


「オバサンは、ＣＩですか？」

「そうだよ」

「このビルは、何のビルですか？」

「たくさんのＣＩが働いている」

「オバサンは……」と言ったとことで、気がつきました。このオバサンが、ＣＩの中で一番偉い人だ！　と。

「え？　そうなんですか？」

「そうだよ」

「ほえー。何をしているんですか？」

「私たちの仕事は、整えること」

「え？　整えること……？」

「下のほうを見てごらん？」

私は屋上の端に行って建物の下のほうに目をやりました。すると、なんと、窓から白いタオルがぴゅーん、ぴゅーんと飛び出しているではありませんか。いろんな窓から四方八方へ、ぴゅーん、ぴゅーんと。逆に外からこちらのほうに飛んでくる流れもあるようです。建物の中に向かって飛び込んでくるタオル。外から中に入ってくるタオルと出ていくタオルでは、同じ白でも何か色が違っているような気がします。

「オバ、あ、いやＣＩさん、あのタオルは何ですか？」

「情報だよ」

「情報？」

どうやら、タオルに何らかの情報が書き込まれていて、それを洗濯して戻すのがＣＩの仕事のようなのです。

いまいち、よくわかりません。コーディネイティング・インテリジェンスっていうからには、もっとすごい仕事をしているのかと思っていました。フォーカス27をすべてコントロールするような……。

「そんなこと、する必要はないよ」

「え？」

「私たちは、〝整える〟だけでいいんだ。〝いのち〟は、みんな目的を持っている。自分の目的を知っているんだ。だから、放っておいても目的に向かっていくのが〝いのち〟ってもんなんだよ。でも、中には道に迷っているやつもいる。そういうやつの情報を整えて、道筋をちょっと思い出させてやるのが、ここにいる連中の仕事なんだよ」

〝いのち〟は自分の目的を知っている……「目的って、なんですか？」

ＣＩオバサンは、黙って上のほうを指さしました。私はその方向を見上げました。でも……何もありません。空があるだけです。

私はオバサンのほうを振り返りました。オバサンは洗濯物を干す仕事に戻っていました。もう話は終わった、あとは自分で考えろ、ということでしょうか……。

そこで場面が変わりました。ＣＩの訪問は終わりました。

ＣＩのリーダーがオバサンに見えてしまうのは、ちょっといただけませんが、言っていることは真実だと確信しました。生命は本来的に目的を持って生まれている。中には迷っている生命もいる。だから、情報をクリーンにし、調整する必要がある。それがＣＩの役割。

もちろん、これは私が体験したことであって、みんながみんな同じ体験をするとは限りません。しかし、私にとっては真実だと思いました。

目的とは……何でしょうか？　オバサンは空を指さしました。その方向には何があるのでしょうか？　それは、トータルセルフ（Ｉ／Ｔｈｅｒｅ）……かもしれません。

ロバート・モンローやブルース・モーエン、坂本さんは、私たちの目的は「地球生命系を卒業して、トータルセルフへの帰還することだ」と言っています。ＣＩのオバサンが言おうとしたのも、そういうことかもしれません。地球生命系の中での生のくり返しを終了してトータルセルフに帰還していくことが、ここ（地球）にいる生命の、共通の目的である……。
あるいは、別のことかもしれません。卒業して帰還していくのは最終の目的だとしても、地球生命系の中で生きていることの目的――それは、トータルセルフとつながりながら生きていく、ということではないかと思います。地球で生きている間（卒業前）も、トータルセルフの一員であることを自覚している……そういう生き方をすること。
つながって――それからどうするのか。それをこの世で表現していく。行動していく。何かを創造していく……。オバサンが空を指さしたのは、そういうことではないだろうか、と思いました。
情報を整える――調整すること。洗濯――クリーニング。新しいキーワードが出てきました。このときにはわかりませんでしたが、あとになってから、大切なメッセージだったことがわかりました。

老賢人とインコの導き

I／There（アイ・ゼア）――トータルセルフには、中心となっている複数の存在たちがいると言われています。その集団を「ハイヤーセルフ」と呼ぶこともできます。ロバート・モンローは「EXCOM（エクスコム）」と呼びました。エグゼクティブ・コミッティ（Executive

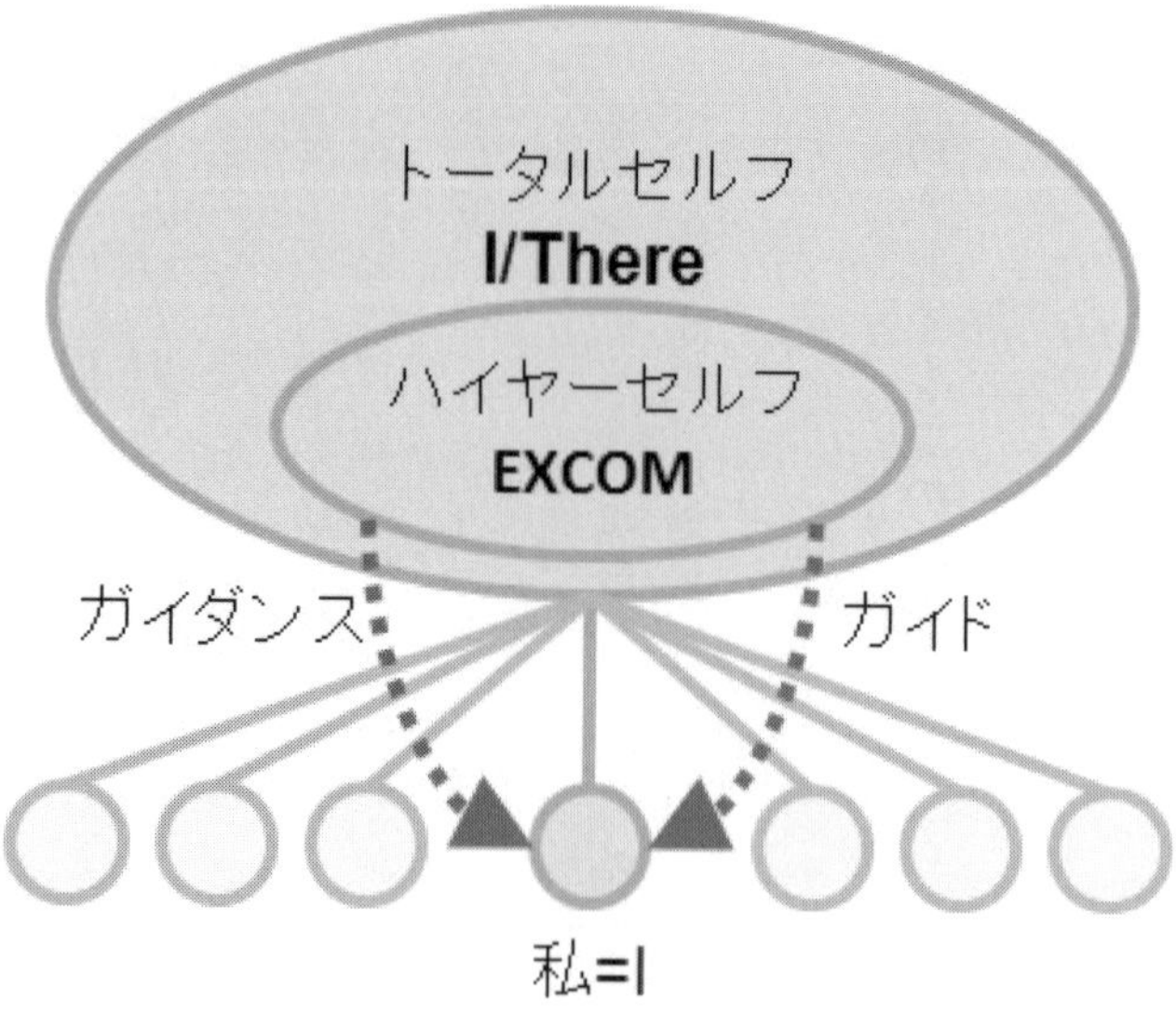

Committee ＝代表委員会）の略です。

そして、その中心的な集団の構成員の中で、「今のこの私」と特に関係の深い存在が、ガイドであると言われています。私たちの成長を促し、導きつつ、ともに歩んでいる存在。

ガイドという呼び方は決まっているわけではなく、ヘルパー、内なる存在、内なる導き手など、いろいろです。ガイドラインズというプログラムでは、インナーセルフ・ヘルパー（ＩＳＨ＝イッシュ）という言葉を使います。前述のフランシーン・キングは、単にガイダンス（導き）と呼んでいます。モンロー研でも統一されているわけではありません。この本では〝ガイド〟で統一してきました。

さて、ガイドはいつも固定しているわけではありません。状況にあわせてどんどん変わるものではないか、と思います。今回のエクスプロレーション27でも、新しいガイドが現れました。

プログラム5日目の午前中、フォーカス34／35で質問をして答えを受け取る、というセッションがありました。質問は用意されていて、ナレーションが読み上げてくれます。

一つ目の質問は、「ここにいる生命体と自分との関係は何ですか？」というものでした。質問の意図を理解し、解き放ちます。そして、待ちます。

そのとき——突然、「アミーゴ！（あるいはアミーガー）」と呼ばれたような気がしました。え？　アミーゴって……スペイン語？　たしか「友だち」って意味のはず……。

同時に、鍋のフタのようなヴィジョンが見えました。なんだ？　こりゃ。

フタにしては取っ手というかツマミの部分が大きくてもっこりしています。

お？　アミーゴっていうくらいだから、この鍋ぶたは〝帽子〟かもしれない。なんだっけ……そう、「ソンブレロ」。この形は、ひょっとしたら、これはＵＦＯか？

連想ゲームのようでした。

一つ飛ばして三つ目の質問は、「ここにいる生命体はどこから来たのですか？」

すると——〝鳥〟が現れました。黄色や青色赤色などカラフルです。南国の鳥でしょうか……。

このセッションではこれだけでした。〝鳥〟は登場しただけ。

あとになって調べたところ、私が見た〝鳥〟のイメージに一番近かかったのは、〝コンゴウインコ〟という種類でした。

同じ5日目の朝、フォーカス34／35のフリーフローのセッションで、またインコが出てきました。

ふと気づくと、仰向けに寝ている私の胸の上に、鳥がとまっていました。現実の肉体の胸の上に！です。

ビックリしました。胸の上に、鳥の足の感覚があります。

私の顔を、じっと見ています。冷や汗が出ました。

(目はつむったままなので、実際に見たわけではありません)。

そのとき——突然ヴィジョンが現れました。

薄暗く、氷に覆われたような極寒の星です。黒というか深い青色のような世界。寂しい感じです。山と山の間を川が流れています。水なのか何なのかわかりません。山には針葉樹のようなものが生えているような気がします。

山間に——ポツポツと明かりのようなものが見えます。

「もう、この星には帰れない」あるいは「もうここには住めない」といったメッセージが聞こえてきました。そして、「帰るときになったらわかるよ」とも……。

ちょっと意味がわかりません。「帰れない」と言いながら、「帰るときになったらわかる」というのは矛盾しています。私の交信能力の限界でしょうか。「帰れない」のはインコのことでしょうか。それとも私のこと？　「帰るときになったらわかるよ」というのは、インコが私に向かって言っている言葉？　これ以上は理解できませんでした。

次にインコが現れたのは、最終日の最後セッションでした。

ふと気づくと、テラスの塀のところに、白いガイドが立っていました。（セミナー会場のリゾートホテルには、各部屋に庭付きのテラスがありました）。

今回は〝ガンダルフ〟、老賢人の姿です。白いローブのような服を着て、白く長い髭を蓄え、杖をついています。

なんと、ガイドの肩には、あの鳥がとまっています。

二人は、こちらをじっと見ています。私はビックリして、言葉が出ませんでした。何ていえばいいのか……。しばらく沈黙がありました。

「今の役割は、調整者」

ん？

「存在そのものが、調整者」

え？

「この世での役割の一つ。今は調整者」

思わず、私は目を開けて、テラスのほうを見てしまいました。でも、誰もいません。

とてもリアルな体験でした。しかし、後で気づいたのですが、ヘミシンクを聴いていた場所とテラスの間には襖（ふすま）があって、直接見ることはできません。だから、私が「目を開けて、テラスのほうを見てしまいました」というのは錯覚だったのです。

前著『あきらめない！ ヘミシンク』から何度も登場している白いガイド。男性の老人だったり、女性だったりします。彼らは何者なのか――このときはわかりませんでしたが、しばらく後になって理解しました。――私の、トータルセルフの代表者でした。

ロバート・モンローの言葉ではＥＸＣＯＭ（エクスコム）。エクスコムは、複数の存在で構成されていると言われています。どおりで、女性のように見えたり、男性の老人のように見えたりしていたわけです。

では、インコは何者か——もちろんガイドだと思います。でも、今までのガイドとは明らかに役割が違っていると思いました。そして、予感がありました。この鳥は、きっといつか、再び現れるに違いない、と。

それから「ソンブレロ」——このときは単なる連想ゲームで出てきた言葉だとしか思っていませんでした。しかし、これも私にとっては重要なキーワードでした。これも後になってわかったことでした。

もう一つのメッセージ、「調整者」とは……。

調整者として

2007年から2008年ころのアクアヴィジョン・アカデミーは、まさに創業期のベンチャー企業のような熱気に包まれていました。基礎コースから始まった1日・2日コースのセミナーは、フォーカス15探索コース、フォーカス21探索コース、基礎上級コース、フォーカス27体験コースと、どんどん種類が増えていきました。モンロー研究所プログラムの日本開催も、同様に増えていきました。

しかし、一方では、組織としての体制を整えたり、ルールを決めたり、運営用のシステムを整備するなどの基盤づくりが追いついていませんでした。いつの間にか、私はそういった裏方の仕事も手伝うようになっていたのです。その他にも、ホームページの改修や参加者用のハンドアウト資料などの制作にも携わるようになっていきました。

アクアヴィジョン・アカデミーは、不思議な組織です。代表の坂本さん以外、ほとんどが業務委託や契約で、常勤の社員は存在しません。セミナー事務局のスタッフも、シフトを組んで週に3日とか4日の勤務です。人数が増えた今でも同様です。

私も含めてトレーナーのほとんどは、他にも本業の仕事を抱えています。専業は坂本さんだけかもしれません。その坂本さんも、いつもは自宅で仕事をしています。本の執筆をしたり、ピラミッドの研究チームとミーティングをしたりしています。

実に不思議な組織です。

よくよく考えてみると、アクアヴィジョンにおける私の仕事は、トレーナーとしての業務以外では、コーディネイター——まさに「調整者」ではないか、と思いました。アクアヴィジョン内部、アクアヴィジョンとトレーナー、トレーナー相互、トレーナーと参加者、アクアヴィジョンと参加者など、それぞれがうまく回るように調整していくこと。

コーディネイトとは、「順序よく並べる」「調和よく組み合わせる」という意味です。個々の存在は、各自の目的を持って、それぞれ自主的に行動する。それぞれがスムースに行動できるよう、存分な働きができるように調整していくこと……それが調整者の役割ではないか、と思います。当時の（今でもそうですが）私の役割は、まさにそういう役割を担っていたのではないかと思いました。

こういうことは、今だから整理して考えられるのですが、その頃はただ必要だからやっていた、という状況でした。坂本さんから依頼されたり、私の方から提案したり、トレーナーから要望があったりと、必要に応じて対応していました。それが、結果的に、アクアヴィジョン全体の調整に少なからず役に立っていたんですね。


「今の役割は、調整者」

「存在そのものが、調整者」

「この世での役割の一つ。今は調整者」

エクスプロレーション27でハイヤーセルフ（エクスコム）から受け取ったメッセージは、そういう意味だったんだと（今になってハッキリと）わかりました。

地球コアとの交信

さて、エクスプロレーション27のこぼれ話です。プログラム4日目、地球のコアを訪問する、というセッションがありました。

トレーナーのフランシーンは、このプログラムを開発しているとき、次のような「ガイダンス」を受け取ったそうです。ガイダンスというのはフランシーンのよく使う言葉で、ガイドからのメッセージ、導き、インスピレーションといった意味です。

「フォーカス34／35に行く前に、地球のコアに行かなければならない」
「今、地球には、重要なことが起こりつつある」
「招待状が届いている。コアは、私たちに来てもらいたがっている」

実は、フォーカス34／35に行くときには、フォーカス27にある「向こうのモンロー研（ＴＭＩ／Ｔｈｅｒｅ）」と地球のコアにある結晶との間をすばやく何度も往復して、最後にコアからフォーカス27を通過して、その勢いを使ってそのまま飛んでいきます。

この日、３回目の地球コア探索時に、地球知的存在（Earth Intelligence）を訪ねて「地球の歴史を教えてもらう」というセッションがありました。

以下、『ヘミシンク完全ガイドブック』（ＷａｖｅⅥ）から転載します。

地球のコアに到着したあと、しばらくすると、だんだん眠くなってきました。熱くなってきたような気がします。地球のエネルギーと同調し始めたのでしょうか、熱くなって……、眠くなってきました……クリックアウトしたようです。

ハッと目が覚めました。気がづくと、なぜか私はオープンカーに乗っていました。左ハンドルで、私が運転しているようです。ものすごいスピードで走っています。周りは緑の芝生で覆われた緩やかな丘陵のようです。起伏があります。道路は舗装されています。芝生と道路の境目はレンガがはめ込まれています。ほとんど段差はありません。

とにかくものすごいスピードで走っています。カーブが曲がりきれません。私はペーパードライバーです。運転には自信がありません。ブレーキを

かけようとして足でペダルを探しましたが、見つかりません。心臓がバクバクしてきました。呼吸も荒くなっています。思わず足元を見てしまいました。へっ？　ブレーキがない！　と思った瞬間、カーブに差し掛かっていました。危ないっ！

ハンドルを切る間もなく、道路から飛び出してしまいました。芝生の上を走っています。芝生にタイヤの跡が残ってしまいました。ごめんなさい。道路がカーブしてきて、目の前に現れました。チャンス！　乗り入れました。再び道路を走り始めました。ハアハアハア。

やれやれ、ひと安心。しかし、猛スピードに変わりはありません。ますます速くなってくるようです。カーブのたびに冷や汗をかきます。そのあとも、何度も何度も道路からは飛び出し、また戻りを繰り返しながら進んでいきました。

ふと隣を見ると、助手席に誰かが乗っています。最初からずーっと乗っていたような気がします。白いワンピースのような服を着た……、髪の長い女性です。笑っているように感じます。表情はわかりませんが、きれいです。見惚れてしまいそうです。笑顔を返そうとした、その時、ビーッ、ビーッという、けたたましいクラクションが聞こえてきました。

前を見ると――なんと、コンボイのような、でっかいトラックが目の前まで迫っているではありませんか！　げーっ！　避けようにもトラックの横幅は車幅と同じです。いっぱいいっぱい。げーっ！。どうしようどうしよう、ハンドルを切って道路から飛び出そうか……と思っている間に、目の前まで近づいてきました。もう間に合わない！　思わず目を瞑ってしまいました……クリックアウト！

しばらくして目が覚めると、私はまたオープンカーに乗っていました。さわやかな風が吹いています。青い空。雲はゆっくりと流れています。先ほどと違って、スピードはゆっくりです。どうなったんだろう……。さっきは、たしか、衝突して、悲惨な交通事故になってしまったはずだけど……。どうなったのかわかりませんが、私は生きています。車も無事です。何とかやり過ごしたのでしょうか？

なぜこんな体験をしたのか、この時はわけが分かりませんでした。しかし、とてもリアルな体験でした。

次のセッションで、地球のコアを再訪したとき、私はもう一度「地球の歴史を知りたい」とアファメーションしました。すると……、

「それは、さっき伝えました」という声が聞こえてきたのです。

えっ？　さっきのオープンカーで走っていたのが、地球の歴史？　そんな……。

しかし、よく考えてみると、そんな気もします。コンボイがぶつかりそうになった、あの瞬間が、現在の地球の状況……納得しました。

では、そのあと、クリックアウトした後見たヴィジョンは何だったのでしょうか。平和な未来がやってくるという、未来の歴史？　では、あの衝突の危機を、どのようにして乗り越えていったのでしょうか？　疑問が残ります。

それから、危機に陥る前に見た、白いワンピースの女性は、誰なのでしょうか？もうすぐ、わかるときが来るような気がします。もうすぐ……。

その後、私は何度か地球のコアを訪れました。そして、しだいに、あの女性のことがわかってきました。彼女は、地球コアの知的存在であり、地球（ＧＡＩＡ）の象徴です。

そして、これからの地球は、最後には危機を乗り越えて平和になる。しかし、どのようにして乗り越えていくのかという、そのプロセスは不明です。それは、これからの私たちが創造していくことではないか、と思います。

なぜか、サルサを始める

前著『あきらめない！　へミシンク』に書きましたが、私は２００６年の夏から週二回、ヨガ教室に通っています。その教室の仲間たちに誘われて、２００８年の2月から「サルサ」を始めました。サルサというのは（ラテン系調味料のことではなく）、音楽のサルサに合わせて踊る、スピードの速い、男女のペアダンスです。しかも、腰を振って……とてもセクシーです。

そのころ、ヨガ教室の仲間たちで、キューバ旅行に行こうという話が持ち上がっていました。キューバには一度は行ってみたいと思っていたので、私も手をあげました。そこで、スペイン語を勉強しよう、サルサも習おうということになり、二つともやるのは時間的にきついので、冗談で（ほんの冗談で）「キューバの女性にモテるには、スペイン語とサルサとどっちができるといいですかね？」と訊いたところ、「それはサルサに決まってるわよ」と断言され、「それならサルサを習います」と……邪《よこしま》な（？）動機で習い始めました。

ダンスなんて、学生時代にキャンプファイヤーで踊ったフォークダンス以来です。まともに習ったことなどありません。ズブズブの素人。


教えてくれるのは、コロンビア人の男性。しかも、なんと世界チャンピオン！になったことがあるという……。ひょえー、です。Ｂｅｔｏ（ベト）さんと言います。彼のプロモーション・ビデオがＹｏｕＴｕｂｅに載っているので紹介します。超カッコいいです。
→http://www.youtube.com/watch?v=SWK9WMFWjxw
サルサには、プエルトリコ系のＮＹスタイル、キューバ系のＬＡスタイルなど、いくつかの種類があるようですが、この先生が教えてくれるのは、コロンビアの「カリ」というところで盛んな「カリサルサ」でした。なんと、このカリサルサ。スピードの速いサルサの中でもさらに超ハイスピードのダンスだとのこと。女性を空中で回転させるなどのアクロバティックな動きもあります。なんて話はあとから聞いたこと。初歩的なステップを、ハアハアゼイゼイしながら、足をもつれさせながら練習し始めました。

ところが、残念なことに、キューバ行きの話は流れてしまいました。それなのに、サルサにハマった仲間たちは、練習をやめません。毎週月曜日の夜レッスンです。家に帰るのは11時12時。さらに別の日に、夜のヨガ教室が終わった後に復習することもありました。私も引きずられて(?)続けていました。いっしょに始めた仲間たちの中には、私のヨガの先生も交じっています。というか先生がリーダーです。先生は私より年上の女性なのですが、もう何年もサルサをやっていてカッコよく踊ります。私はドタバタ。

それなのに、それなのに、なんと発表会をやると言うではありませんか。観客を呼んで、お披露目をすると言う。ひえー。衣装まで揃えて。ひえー。

てなことで、発表会をやりました。舞台に立つ前は心臓バクバク。地に足が着きません。それでも踊り終え、アンコール(なんてしなくていいのに)に応えてもう一曲。無事発表会は終わりました。ところが、次はまた半年後に発表会をやると言うではありませんか。ひょえー。また半年後、また半年後……。

それやこれやで約3年、サルサを習っていました。さすがに練習時間を確保するのが難しくなってきて、ペアの相方にも迷惑がかかるので、「現役引退」いたしました。「普通のおじさん」に戻りました。

しかし、いい経験になりました。体を使って表現する。恥ずかしい?なんて気持ちがあったら、とてもとても発表会なんぞできません。私が参加した最後の発表会には、カミさんと息子夫婦を呼びました。ま、呆れておりました。こっちは開き直っておりますから平気です。見ているほうが恥ずかしかったと。「踊る阿呆に見る阿呆。同じ阿呆なら踊らにゃ損々♪」

サルサに限らず、見栄や変なプライドは捨てて「躊躇《ため》わずに自分を表現する」ということは、大切なことではないかと思います。

ヘミシンクのセミナーでは、最後にグラウンディング（地に足をつける）ということを説明します。二つの意味があって、一つは、変性意識状態から覚醒意識にきちんと戻りましょうということ。もう一つは、向こうでの体験をこちらの世界で表現しましょう、ということです。

表現の方法はいろいろです。芸術的なこともあれば、仕事や趣味などいろいろです。とにかく、自分を表現すること。そのために、私たちはこの世に生を受けたのではないかと、そう思います。私たちは「何かを表現するために生まれてきた」のではないかと。

「引き寄せの法則」を知る

サルサを始めたのと同じころ、知人から『ザ・シークレット』のことを聞きました。知人というのは、2006年7月に参加した「ガイドとの邂逅セミナー」で同室だった人です。その人から、ザ・シークレットDVDのプロモーション・ビデオがYouTubeでも見ることができる、と教えてもらったのです。さっそく観ました。たしか十数分くらいのダイジェスト版だったと思います。

「思考は現実化する」——言葉としてはよく知っています。スピリチュアルな分野に縁のない人でも良く知っていると思います。映像で観ると、本で読むよりもインパクトがありました。しかし、プール付の一戸建てとか、超高級車とか、いかにもアメリカっぽいたとえ話が多く、ちょっと引いてしまいました。紹介してくれた知人も同様の感想を持ったようです。

それ以上に、もっと重要な問題があると思いました。思考が現実化することは真実だと思いますが、人は誰しも、顕在意識で思うことと、潜在意識で思うこととは矛盾することが多く、しかも潜在意識の力のほうが強く働くため、いくら顕在意識で思っても、潜在意識が変わらない限り、現実化は難しいのではないか、ということです。

顕在意識で潜在意識を無理やりコントロースすることは、一時的にはできても必ず潜在意識にストレスをため込むことになります。すると、思考は現実化したけれども、まったく別の問題が発生して、結局不幸になってしまう、といったが起きたりします。無理をすれば、どこかにしわ寄せがやってくるのです。自分には何も起きなくても、家族に問題が発生することもあります。

さらに、一戸建てとか高級車とか、そういう欲求自体、本当に自分が望んでいることかどうか、実現したとしても、その時自分は本当に幸福になっているかどうか、わかりません。そのような――本当に自分が望んでいることを探究する方法――が、ザ・シークレットには見当たらないように思えました。とにかく願望はオールＯＫ、ということのようです。その後ＤＶＤも購入し全編を観ましたし本も買って読みましたが、感想は同じです。（全面的に共感できるという人もいると思います。これはあくまでも個人的な感想です）。

ヘミシンクのエクササイズにも、思考の現実化方法があります。フォーカス12でのパターニングや、フォーカス15での創造と具現化の方法です。サイコキネシス（念力）のセミナーもあります。ヘミシンクの場合は、変性意識状態という顕在意識と潜在意識が変容した特殊な意識状態で「思いを設定」します。ここが根本的に違うところですね。

さらに、ガイドとの共同作業、共同創造。ガイドとともに行動し、創り上げていく……それが前提になっています。これも大きな違いです。

ザ・シークレットとほぼ同時期に、ソフトバンク・クリエイティブから『引き寄せの法則　エイブラハムとの対話』が出版されていました。何冊か出版されている引き寄せの法則シリーズの中の、いわゆる〝赤本〟です。本の帯には「ザ・シークレットの原点！」と書かれています。それならこちらを読もうとさっそく手に入れました。

これは面白かった。たくさんの気づきがありました。ヘミシンクのワークにも応用できるものもありました。

「エイブラハム」というのは、本書の著者であるジェリー・ヒックスとエスター・ヒックス夫妻のもとに現れた、向こうの世界のコレクティブ・ソウル（魂の集合体）、あるいはコレクティブ・コンシャスネス（意識の集合体）であると言われています。奥さんのエスターがチャネラーであり、エイブラハムとのコミュニケーションを行ない、夫のジェリーがそれを記録しています。

以下、私が理解し、なるほど！と思った部分を整理してみます。

宇宙の法則は三つある。

一、「引き寄せの法則（Law of Attraction）」
二、「意図的創造（Deliberate Creation）」
三、「許容し可能にする術（Art of Allowing）」

一つ目の**「引き寄せの法則」**が大原則。「似たものを引き寄せる」ということ。「類友の原理」

や「波動の法則」と同じ。「思考が磁石」になる。

ポイントは、「望むか望まないか」ではなく、「考えていること」が引き寄せられ、実現するということ。例えば「病気になりたくない」と思っていると、思考は「病気」にフォーカスされているので、逆に「病気」を引き寄せてしまう。「お金が欲しい」と思うとき、「今は貧乏だからお金が欲しい」という発想では、「貧乏」にフォーカスされているので、「貧乏」を引き寄せてしまう。

げげっ、と思いました。でも、納得しました。確かにそうです。しかし、実践は難しい。

私たちは、欲求や願望を抱くとき、不足しているとか欠乏していると感じるから願うのではないか、と思っていました。しかし、それでは不足・欠乏状態を引き寄せてしまう。だから、今のままで完璧だと思わなければならない。完璧であれば、「純粋な欲求」になっていく。――なかなか難しいです。

完璧だと思えないのはなぜなのか。何が、それを阻んでいるのか。阻んでいるものがなくならない限り、難しいのではないか、と思いました。

二つ目の**「意図的創造」**。私たちはひとり一人が創造主であり、現実を創りだしている。意識しようがしまいが、誰もがいつでも何かを創造している。生きていること自体、生きている限り、何かを創造している。

ボーッとしていると、ボーッとした現実を創造している。ボーッとしていると無意識に流されるまま行動し、ハッと気づいてみると「おれは何でこんなことをしたんだろう……」と後悔するはめになったりする。何でこんなもの買っちまったんだろう。何であんな暴言を吐いてしまったのだろう…。

ポイントは、「意図的」か「惰性的」か、ということ。放っておいても何かを創造しているんだから、どうせなら惰性的・無意識的ではなく、意図的・意識的に創造していきましょう、ということ。それが「意図的創造」。

これができるようになるには、訓練が必要ですね。私たちは、自分が今、意識的かそれとも無意識的かということに、気づいていかなければならない。

三つ目の**「許容し可能にする術」**は、日本語としてわかりにくいですね。「受け入れる心」と訳している人もいました。私は、「自由意志」ということではないかと理解しました。

私が何をしようが、それは私の自由です。同様に、他人が何をしようが、それもまた他人の自由です。お互いに自由。——ということは、他人のことを自分の思うとおりにさせようとするのは無理、ということになります。それなのに、ともすれば私たちは、思いどおりにならなくて、相手に腹を立てたり怒ったりしてしまいます。

現実を創り出しているのは自分の思考ですから、自分の考え方を変えれば、自分の現実、つまり相手も変わるはずです。しかし、実際にはなかなかできない。ついつい、私たちは原因を外に求めてしまいがちです。相手が悪い！　と。

他には、**「感情という素晴らしいナビゲーションシステム**（Emotional Guidance Scale）**」**という概念があります。「感情」は「内なる存在（Inner-Being）」あるいは「ソースエネルギー（Source Energy）」につながっているため、感情的に気分が良ければつながっている、気分が悪ければつながっていない、という目安になる。

▲つながっているときの感情は＝気分がいい＝満足、希望、楽観、幸福、没頭、興奮、情熱、イキイキ、ワクワク、喜び、勇気、愛、感謝……

▼つながっていないときの感情は＝気分が悪い＝恐怖、憂うつ、絶望、不安、罪悪感、嫉妬、憎しみ、復讐心、怒り、自責、心配、疑念、落胆、悲観、我慢、イライラ、カリカリ……。

確かにそうですね。これは参考になります。バシャール流にいえば「ワクワク（exciting）」ということでしょうか。ワクワクするかしないかを思考や行動の判断基準にする。

あとは、本人が自分の「感情」を客観的に自覚できるかどうか。ともすれば感情の動きに流されてしまい、ナビゲーションとしての役割を忘れてしまうことがあります。常に「感情」の動きを観察していなければならない。

しかし、「気分がいい」という「感情」も、安易に判断してしまえば、間違った方向に行きかねない。甘いケーキを食べ続ければ気分がいい、ゲームをやり続けていれば気分がいい、お酒を飲んでいれば気分がいい……などなど、はたして自分にとってほんとうに気分がいいという状態なのかどうか。一時的にはよくても、あとから大反省、という結果にならないか……。

最後に、**「節目ごとの意図確認」**。今から電車に乗って目的地に行くとしたら、安全に到着することを意図したうえで行動する。今から会議に出るとしたら、望ましい結論になるように意図したうえで出席する。今から部屋の掃除をするなら……、今から料理を作るなら……、今から原稿を書くなら……。一日に何度でも、自分が何かをするときには、必ず意図を確認する。

これは有効だと思いました。ともすれば私たちはなんとなく行動することが多いです。気づき、意図し、行動するというパターンを身に着けていく必要があります。これも訓練が必要ですね。

引き寄せの法則関連の書籍は、その後も何冊か読みました。もっとも参考になったのは、「意図すること」の重要性でした。それも頻繁に。常に意図的に行動することを習慣づける必要があると思いました。ヘミシンクのエクササイズでは、「アファメーション」です。当時は、ヘミシンクのセミナーで、アファメーションがいかに大切かを説明するときに、よく引き寄せの法則を引用していました。

「ホ・オポノポノ」を知る

２００８年の春でした。引き寄せの法則を知り、意図すること、アファメーションの重要性を再認識していたころ、トータルヘルスデザインという会社の情報誌で「ホ・オポノポノ」のことを知りました。ほんの小さな紹介記事でしたが、ハワイ語の、この不思議な響きを聞いたとき、え？何これ？と思わず引き込まれてしまいました。

ネイティブハワイアンに伝承されていた問題解決法であるホ・オポノポノ――それを、ハワイの伝統医療（カフナ）のスペシャリストであり、ハワイの人間州宝である、故モーナ・ナラマク・シメオナ女史が、現代社会で活用できるようアレンジしたのが「セルフ・アイデンティティ・スルー ホ・オポノポノ（ＳＩＴＨ）」であり、南北アメリカや欧州で実践され、さまざまな国際会議、高等教育の場にも紹介されてきた――とのこと。

ホ・オポノポノの基本は、「どのような現実であっても、それは１００％自分の記憶（潜在意識）の現れ」であり、その記憶を「クリーニング」することで現実は変化し、自ずと問題は解決する、というもの。クリーニングの基本は、（相手や対象に対してではなく）自分の記憶に向かって「ごめんなさい（I am sorry.）」「許してください（Please forgive me.）」「愛しています（I Love you.）」「ありがとう（Thank you.）」の４つの言葉を唱えるだけ。

モーナ女史の弟子で、ホ・オポノポノを継承したイハレアカラ・ヒューレン博士の逸話にビックリしました。

ヒューレン博士は、ハワイ州立病院の触法精神障害者収容病棟に心理カウンセラーとして赴任している間、一人もカウンセリングすることなく、「自分自身の記憶のクリーニング」を続けるだけで収容者たちを次々に退院させ、ついには病棟の閉鎖へと導いたというのです。ヒューレン博士がこの病院に勤務したのはたったの三年間。

にわかには信じられない話です。眉唾物の都市伝説？　しかし、これは本当のことだろうと確信しました。というか、本当のことであってほしい、と思いました。本当なら、素晴らしいことです。

このエピソードがインターネット上の記事として紹介され、それがきっかけでヒューレン博士は一気に有名になったとのこと。ホ・オポノポノは、今や世界中でモーナ女史の弟子・孫弟子たちによってセミナーが開催され、急速に広がりつつあるという。

ホ・オポノポノのシンプルさに感心しました。もっと詳しく知りたいと思いました。しかし、当時は忙しさにかまけて、なかなか調べることができませんでした。

そんな時、２００８年の7月に『あなたを成功と富と健康に導く　ハワイの秘法』（ＰＨＰ研究所）が出版されました。著者は、ザ・シークレットにも賢人として登場するジョー・ビターリという人です。私は知らなかったのですが、かなり有名な人なんですね。さっそく読みました。するとーーなんと、ヒューレン博士がメジャーデビュー（？）するきっかけとなった、インターネット上の記事を書いたのはこの人だったのでした。２００６年、「世界で最も並外れたセラピスト」というタイトルの記事。

ジョー・ビターリ氏は、２００４年にヒューレン博士のうわさを聞き、探し始め、直接博士に会うまでに、なんと2年もかかったらしいです。そして、ホ・オポノポノのメソッドを学んで記事を書いたとのこと。この記事はインターネット上で一気に広がり、読者はさらなる情報を求め、それに応えて『ハワイの秘法』を書いたと。

２００８年には、すでにヒューレン博士は何度か来日し、セミナーを開いていました。しかし、なかなか日程が合わず、参加できませんでした。博士のセミナーに参加できたのは、それからなんと3年後の２０１１年の10月でした。その間、ホ・オポノポノの本が出版されれば読んでいました。そして、細々と実践していました。

細々と……というのは、なかなか続かないからです。４つの言葉のことは、普段は忘れています。何か事が起きたときに、思い出したように唱え始めます。「ごめんなさい、許してください、愛しています、ありがとう」。まるで「困ったときの神頼み」です。

しかし――私が理解し、実践していたことは、まったく表面的なことでした。まるで勘違いしていたところもありました。そのことに気づいたのは、ヒューレン博士のセミナーに出たときでした。なんと3年もの間、勘違いをしてクリーニングをしていたのです。

まったく間違いかといえば、そうでもないですし、それで問題が起きたわけでもありません。しかし、理解不足でした。だから実践が継続できなかったのです。

これからお話ししますが、3年の間に、いろんな体験や気づきがありました。今から思えば、この3年があったからこそ、ヒューレン博士のセミナーに出たとき、彼の言葉の真の意味が理解できたんだと思います。

ちなみに、この節の冒頭に出てきたトータルヘルスデザイン（ＴＨＤ）は、「〝元気の力〟を暮らしに生かす」を社是に、本物商品、本物情報を提供している通信販売の会社です。（http://www.totalhealthdesign.jp/）。１９９０年創業。バンクシアブックスという出版事業も手掛けており、「あなたも魔法使いになれる　ホ・オポノポノ」という小冊子を出しています。

ＴＨＤさんは、今ではアクアヴィジョン・アカデミーとも関係が深くなり、ヘミシンクＣＤの販売やセミナーの開催にご協力いただいています。それと、前著『あきらめない！ ヘミシンク』で書いた「２００４年の春頃、日本でもモンロー研のプログラムを受けられるという情報を得ました」というのは、ＴＨＤさんの情報誌からでした。ありがたいです。

このことに限らず、注意していると、いろんなところでシンクロニシティ（意味ある偶然の一致）は起こっていますね。特別なことではなく、当たり前のように起きているようです。感謝です。

「スターラインズ」

２００８年６月、「スターラインズ」プログラムに参加しました。場所は、ヴァージニアのモンロー研究所。モンロー研には三度目の訪問でした。もう楽しみで楽しみで、行く前からウキウキしていました。

スターラインズの説明文を読むと、ますますワクワクしてきます。

２００３年に始まったスターラインズは、ロバート・モンローが「究極の旅」の中で述べている探索をさらに進めたものです。Ｉ／Ｔｈｅｒｅ（フォーカス34／35）からＩ／Ｔｈｅｒｅクラスター（フォーカス42）へ、さらにＩ／Ｔｈｅｒｅクラスターがつながった広大な世界（フォーカス49）へと乗り出していきましょう。それは、トータルセルフを再認識し、再び一つに統合していくための機会です。セッションは、宇宙探査のイメージとサウンドを使いながら行われます。

そして参加者は、銀河と銀河を繋ぐ活動を通して〝銀河大使〟の役割を担います。

スターラインズは、エクスプロレーション27を修了し、さらなる探求や自己発見を強く望み、抑えきれない好奇心を抱いた方々のためのプログラムです。「実は〝スタートレック〟のファンなんです」あるいは「〝スターウォーズ〟のファンなんです」というあなたなら、きっとスターラインズ・プログラムが気に入ることでしょう。冒険心と〝星図〟を携えて、ぜひこのプログラムにご参加下さい。

天文学の知識はほとんどありませんが、ＳＦ（サイエンス・フィクション）は大好きです。『スターウォーズ』は超超大好き。出発前からハイテンションになっていました。

このときの参加者は16名で、半分の８名がアクアヴィジョンのトレーナーでした。他のメンバーも、

少なくともモンロー研プログラムを3回は受けているというツワモノ（?）です。もちろん全員を知っていました。

ツワモノというのは冗談で、どこにでもいそうな普通のおっさん、おばさん。――いえ、おにいさん、おねえさん。気分が高揚しているのは私だけではありません。みなさん全員、小学生の遠足のように、キャピキャピしているのです。おやじギャグからエンタ系のネタまで混ぜながら、最初から満点大笑いが続きます。

これですよ、これ。このノリがあれば、どこにでも行けます。過去世であろうが銀河の果てであろうが。好奇心というエネルギー、イキイキ・ワクワクという喜びのエネルギーが、すべての原動力です。きっと、それが、ソース・エナジーにつながるカギだと思います。

結果は大成功、大満足。今まで参加してきたヘミシンク・セミナーの中で、おそらく最高傑作ではなかったかと思っています。ライフラインではブレイクできた喜びでいっぱいでしたが、スターラインズでは、ヘミシンク体験の、一つのピークを迎えた感じでした。

スターラインズに参加するにあたって、私は二つの大きな目的を持っていました。

一つは、**「宇宙に満ち溢れている生命エネルギー」**の、その一端でも体験することができれば、というもの。創造のエネルギー、無条件の愛など、呼び方はいろいろです。

宇宙の根源を体現しながらこの世を生きていくことは、私たちに共通のテーマだと思います。

それは長い道のりが必要ですし、今生では叶わぬことかもしれません。しかし、ほんの少しでもその感覚を経験できれば、と思っていました。

二つ目は、**「地球生命系（Earth Life System=ELS）以外の世界」**を垣間見ることができれば、というもの。地球外生命体とのコンタクトです（ほんの少しでも）。「地球は〝努力〟を学ぶのに最適な場所らしい」「地球ほどこの世とあの世が明確に分離している世界はない。他の惑星ではその境界は曖昧らしい」――これらはロバート・モンローや坂本さんの体験です。私も、自分自身で体験したいと思っていました。

プログラムは、初日から天文学のレクチャーが続きます。これはけっこう苦痛でした。映画や小説と違って、実際の天文学にはあまり興味がありません。予備知識もありません。時差ボケもあって（言い訳）レクチャーは眠いだけでした。それと、慣れていないフォーカス・レベルということもあって、とにかく睡魔が尋常ではありませんでした。ヘッドフォンをして横になったとたんに「あ、やばい！」と分かります。スコン。

それでもなんとか、TMI／There（向こうのモンロー研）やフォーカス34／35まで行き、宇宙船のヴォイジャー8号（想像上の道具＝メンタルツール）に乗船するなど、課題をこなしていきました。

当時はヘミシンクのセミナーに参加し始めてから4年目でした。宿泊型のセミナーだけでも12

回をこなしていました。それでもダメなときはダメ。眠たいときは寝たほうがいい。眠気の原因が、本当に疲れていることにあるなら、寝てしまって疲れをとったほうがいいし、フォーカス42や49というエネルギー状態に慣れていないために意識を失うのであれば、いったんアクティブな思考を中断し、その状態に浸ることに身を任せたほうがいい。――なんという余裕でしょう！

宇宙旅行を楽しむ

さて、プログラム三日目は、太陽系の探索から始まりました。このころから少しずつ、調子が上向いてきました。

一回目のセッションは太陽から木星を探索。二回目のセッションで土星から冥王星。（分類上、冥王星は２００６年8月以降、太陽系第九惑星から準惑星に変更）。

宇宙船のヴォイジャー8に乗ります。スターラインズのプログラム開発にあたって、「なんで宇宙船に乗るなんて面倒な手順を踏むんだ？」という意見もあったそうですが、やはり必要だったとのこと。トレーナーのフランシーンが言っていました。フォーカス34／35以上のレベルに行くには、グループ・エネルギーが不可欠であり、それを象徴するメンタルツールも必須だったと。

ヴォイジャー8号（略してV８）という名前の由来は何か？　フランシーン曰く「ガイダンス（ガイドからのメッセージ）だった」と。だから命名の理由を聞かれても分からないとのこと。

太陽系の探索です。惑星との交信には2つの形態があるそうです。一つは生命体としての惑星との交信で、もう一つは惑星に住んでいる生命体（物質／非物質）との交信。私の場合は前者だったようです。

各惑星を通過しながら、次のような交信というか印象を持ちました。

太陽：「100％、与えるだけ」

——なるほど。まさにそうですね。

水星：「コミュニケーションの要になるのが私の仕事」

——ほほう。私の稼業は広告や広報関連なので、親近感がわきました。

金星：「やさしさ、大切さ」「クジラ、イルカ」

——そんな感じでした。

火星：「独立心、自立心、厳格、畏怖」

——占星術で火星は父性の象徴と聞いたことがあります。

木星：「太陽系の裏の中心。まとめるのが私の役割」

——木星は恒星になれなかった惑星だと聞いたことがあります。

なぜか、胸が破裂しそうな感覚がしてきました。

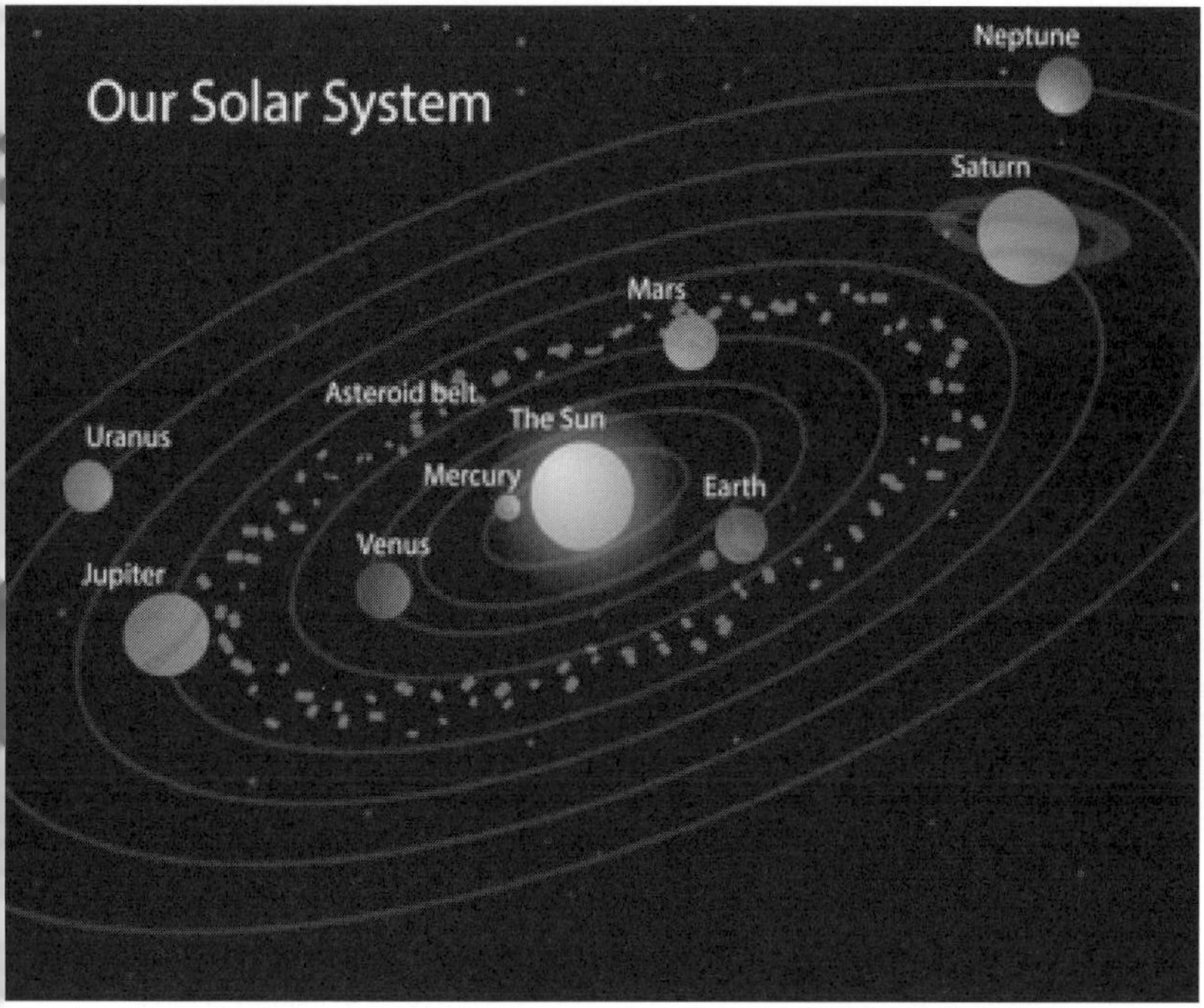
Our Solar System
Neptune
Saturn
Mars
Asteroid belt
The Sun
Uranus
Mercury
Earth
Venus
Jupiter

木星の衛星に離陸した感覚がありました。そこから木星を見ているのです。
ガニメデ（?）という言葉が浮かんできました。木星最大の衛星です。
土星：「太陽系の股関節」
——は？　意味が分かりません。
天王星：「博物館」という言葉が聞こえてきました。
——え？　天王星は太陽系の博物館？　ほんまかいな……。
海王星：何かの存在たちが、「野球?」というか何かの遊びをして楽しんでいます。
——わかりません。
冥王星：ぼんやりとした地平線が見えます。その先は暗い宇宙空間です。
地上にポツポツと、大きな人形のような像のようなものが見えます。
地表は青いような黒いような。地平線はオレンジ色のような……。
「冥王星は、太陽系への入口」。う〜ん?

この頃から、レゾナントチューニングのときに「般若心経」を唱えるようになっていました。なぜだかわかりません。突然思いついたのです。摩訶般若波羅蜜多心経……観自在菩薩行深般若波羅蜜多時、照見五蘊皆空、度一切苦厄。舎利子。色不異空、空不異色、色即是空、空即是色。受想行識亦復如是……。学生時代に丸覚えしていました。忘れないものです。このときは、なぜかしっくりきました。このときだけです。その後はやっていません。

プログラム四日目は、フォーカス42。このレベルは、「内宇宙的」にはI／Thereクラスターの状態であり、「外宇宙的」には太陽系近傍から銀河系（天の川銀河）の領域に相当するようです。I／Thereクラスターを、私は円筒形か円錐形の内部の壁にらせん階段のついた建物のようなイメージで把握しました。内側の壁には一面、星図が続いていました。

「アルクトゥルス」——訪問中は完全にクリックアウト（瞬間的な眠り）。

「プレアデス」——ここではなぜか、青い空と緑の山が見えてきました。見上げていた目を下におろすと、なんと、私の田舎（岡山）の街並みが見えてきました。しかも、今ではありません。風景が若干違います。あれ？　そうだ！　これは、小学生のころの風景だ。人も行き交っています。そのころの友人たちもいます。あ……。彼女がいた（そのころのあこがれの女の子です。名前まで思い出しました）。

クリックアウトしそうになってきたとき、「君は、私たちの代表だ！」という声が聞こえてきました。ギョッとしました。誰だ？　「君の仲間だ！」——心臓がドキドキしてきました。そういえば、事前のレクチャーでフランシーンが言っていました。「フォーカス42は、いろいろなことを思い出すのに適している」——なるほど。仲間なのでしょうか……。

「オリオン」の三ツ星――どこかの星に降り立っていました。真っ暗な瓦礫の地表です。すり鉢のような壁（クレーターか？）をよじ登ると、すごく明るいところに出ました。「コントラスト」という言葉が聞こえてきました。「昼夜のコントラスト」。意味はわかりません。

白い泡？　雪？　のような星が見えます。

次に、地球によく似たところに来ました。山間部。モンロー研の周辺に似ています。木製の建物が見えます。降り立ちました。通路があります。渡り廊下のような感じ。歩いていくと、そのさきに、ドーム状のものが見えます。これも木製です。何でしょうか？「天文台」という言葉が聞こえてきました。

「腹減った。担々麺が食べたい」と、場違いなことを考えていました。

V8の中には、自分の部屋があります。そこには自分用の小型宇宙船があります。アーサー・C・クラーク原作のSF映画『2001年宇宙の旅』に出てくるPodのようなイメージ。私も最初はそれをイメージしました。次に、子どもの頃に好きだった『宇宙少年ソラン』の乗っていた円形の一人乗り宇宙船「エンゼル号」を使いました。さらに、寺沢武一の漫画「コブラ」に出てくる宇宙を乗り回す赤色のバイクに乗り換えました。これは手軽です。どこにでもひょいひょいと出かけられます。……もうやりたい放題。

これらはすべてメンタルツールです。いい大人が何をバカなことを考えているなどと、思わないでください。この自由な発想こそ大事なのです。オープンマインド！

フォーカス42からは、宇宙ステーションを使います。名前はアルファ・スクエアード。略して「SSA2」。V8をドッキングさせます。SSA2は、フォーカス49からはアルファ・エックス「SSAX」と名前を変えます。

SSA2の外観を、私は巨大な円錐形のようにイメージしました。まず最初にホテルのロビーのようなところに出ました。ずっと上まで吹き抜けです。すべてガラス製。2機のエレベーターもすべて透明。ロビーには、たくさんの人（存在）が行き交っています。

エレベーターに乗って、自分の部屋に行きます。私には最上階のペントハウスがイメージできました。ロサンゼルスの「ウィルシャーホテル」（映画『プリティウーマン』に出てくる）に似ているなあと思いました。その先に「メモリールーム」があります。ここは、I／Thereクラスターの記録をすべて見ることができるとのこと。また、クラスター・カウンシルと呼ばれる存在と会うのもこの場所です。

メモリールームには、誰かがいました。床を指さして、「ここからこっちは人間を経験したことのあるものの記憶。ここから向こうは、人間を経験したことのないものの記憶」などと説明してくれます。「どれを追体験してみることもできる」……よくわかりません。

ロビーを出ると、目の前は港です。たくさんのヨットが係留されています。その中に、なんとV8がありました。宇宙船が海に浮かんでいる……？　そもそも、宇宙ステーションの中に海があるか？　ま、いっか。港に背を向けてホテル？　のほうを見ます。左右に道があります。どこに行く道でしょうか？　しかしこの風景は、まるで……ハワイです。ワイキキの賑わいのようです。

宇宙船内の探索はここまで。五日目からは、いよいよフォーカス49の探索です。

準備のプロセスは準備万端

フォーカス49は、「内宇宙的」にはI／Thereスーパークラスターの状態。「外宇宙的」には、私たちの銀河系（天の川銀河）を越えて、銀河団・超銀河団へと広がっていきます。

この頃になると、ヘミシンクは絶好調を迎えます。好調度の目安になるのが、（私の場合）準備のプロセスの充実度です。準備のプロセスは、フォーカスを上がっていく前のほんの数分間行なわれます。ここが勝負の分かれ目です。イマジネーションの準備ができるかどうか！なのです。「ライフライン」を受けたときは、〝あばら屋〟の庭先で柔道着に着替え、四股を踏んでお茶を啜り……といったプロセスになりました。那須高原のペンションで行なわれた「ガイドとの邂逅セミナー」では、ランニングシャツに半ズボン、サンダルを履いて麦わら帽子に虫取り網……。

その後も〝あばら屋〟はバージョンアップしていました。ニワトリが卵を産んでいて、犬小屋には柴犬がいます。ウマがいます。神出鬼没のサルもいます（このサルはフォーカス21にも27にも出没します）。井戸があります。裏山には小さな滝があって、そこでときどき〝禊ぎ〟をやります。家の中、床の間にはライトセーバーが立て掛けてあります。

自分から想像し始めると、周りがどんどん勝手に変わり始めてきます。今回も、日を追うごとにどんどんバージョンアップしていきました。調子が出てきました。向こうとこちらのコラボレーションができつつある証拠です。

波の音が終わると、スターラインズ用の、長いアファメーション朗読があります。そのあと、すぐにレゾナントチューニングが始まります。〝あばら屋〟から数百メートル離れた所に、お寺の本堂のような建物ができていました。あるいは自分で作ったのか……このあたりの不明瞭さが、調子が出てきた証拠なのです。

お堂の中に入ると、護摩が焚かれていました。そこでレゾナントチューニングを始めます。オォォー。ウォォー。ふと背後に気配を感じました。ひょっとして誰かがいるのかな？と思って振り向くと、やっぱりいました。たくさんの動物たちが、私の後ろに控えているのです。首を垂れているウマもいれば、神妙な顔つきのウサギもいます。落ち着きなくウロウロしているニワトリもいます。

次は、ふーっと一息でリーボールを作った後、エネルギー変換箱です（注：プログラムによって多少順番が違います）。びっくりしました。いつも変換箱を背負っている〝亀くん〟が、ものすごい鋼鉄製の姿になって現れたのです。今までは波打ち際に浮かんで、私が〝繋ぎの服〟を脱いで箱に入れるのを待っていたのですが、今回は陸に上がってきています。体は一回り小さくなっているようです。

さらに驚いたのは変換箱の形です。大砲のような筒が、こちらに向かって口を開いているのです。弾を打つのではなく、それは強力な吸引器でした。セッションの妨げとなるような雑念や気になるものを吸い取るのです。びゅーーーっ、とものすごい吸引力です。体ごと持っていかれそうです。踏ん張って耐えなければなりません。

目の前に鉄棒が現れました。思わずぐっと掴みました。さらに吸引力は強まります。ぐわっと足が宙に浮きました。その瞬間、靴は脱げるし丸裸になるし、全部吸い取られてしまいます。勢いはさらに強まります。皮膚の表面がズボッと脱げて吸い取られていきました。さらに頭です。ぐわっと首が後ろに引っ張られ、頭皮ごと髪まで一緒に持っていかれました。丸坊主です。エネルギー変換箱、完了！　強烈でした。

次は滝に入って〝禊ぎ〟です。ばしゃばしゃばしゃ。滝行の間も、次から次へと動物が現れてきて、私の様子をうかがっています。滝から上がりました。兎がタオルを咥えて持ってきます。ありがとう。体を拭き終ると、猿が着替えを持ってきてくれます。宇宙服です。生地は薄く、ツルツルしたジャンパーのような感じ。〝繋ぎ〟です。色は白。今度はオランウータンが、例の赤いバイクを、エンジンを吹かしながら持ってきてくれます。

みんなが応援してくれている――そんな感慨をもって、それっと出発し、フォーカス・レベルを一気に駆け上がっていきます。


準備万端整いつつあるようです。

圧倒的な緑のエネルギー

五日目の、フォーカス49の続きですが、ついに生命エネルギーの一端を体感することができました。

初めてフォーカス42から49に移動する途中、何か不安な感じ、お尻のあたりがヒューっと寒くなるような感覚がしてきました。

ふと気づくと、なんと、めちゃくちゃ高いところにある〝やぐら〟の上に立っていました。丸太棒を組み合わせて作ってあります。てっぺんは〝いかだ〟のように平らで、狭いです……。手すりがありません。不安定です。グラグラします。今にも落ちそうです。見下ろすと、遥か下に緑のジャングルが広がっています。周りは山に囲まれています。〝いかだ〟は、その山よりもさらに高い所にあります。私以外にも何人かが乗っているようです。みんな今にも落っこちそうです。自分が落っこちる姿を想像してしまいました。ぎゃぁぁぁぁ……。

心臓がバクバクしてきました。一瞬、ヘッドフォンを外そうかと思いました。思い直して、目を開け、深呼吸をして体を動かし、少しだけ意識を戻しました。再び目を閉じて集中を再開しました。やれやれ。

セッションが終わったあと、体験をシェアしながら分かりました。新しいエネルギー状態に不慣れだったり不安だったりしたことが、そのようなヴィジョンを見た原因だったのではないか、と思います。冗談ではなく、クリックアウトしたい！と思ってしまいました。それくらいリアルに怖かった。

セッションは続きます。

しばらくすると、真っ暗な暗闇にいました。見下ろすと、大きな渦巻銀河が見えます。ゆっくりと回転しています。しばらく見とれていました。すると、渦の端から、さらに小さくて子供のような銀河がどんどん生まれてくるではありませんか。カラフルな渦巻銀河です。壮大なようで、どこかコミカルな感じがしました。

子供銀河の生まれる流れは河となり……それは、いつの間にか水の流れる川となり……ふと気づくと私はその川を泳いでいました。なぜか川上に向かって必死に泳いでいます。ばしゃばしゃばしゃ。泳げば泳ぐほど川の流れは速くなります。もう無理だと思って泳ぐのをやめて流れに身を任せました。すると、すぐ川下《しも》に巨大な滝が見えてくるではありませんか。ああああぁぁぁ……。私は手足をバタつかせながら落下していきました。眼下には、これまた緑のジャングルが見えます。そのうち私の体は霧のようになり、文字どおり霧散し、緑のジャングルの中に消えていきました。

セッション後にこの体験をシェアすると、トレーナーのフランシーンが「ミスト（霧）になるなんて素敵ですね。ワンダフル！　これでフォーカス49に馴染めるかもしれませんね」と。

乗せられやすい私は、すぐにその気になります。それにしても、水と緑がやたらと出てきます。なぜでしょうか……。

同じ日のセッションで、おとめ座銀河団の中心M87の楕円銀河を訪れたとき、一面に緑の〝田んぼ〟が広がっているヴィジョンが見えてきました。ご丁寧にも牛が糞をしています。な、なんで田んぼなの？　と不思議でした。場面が変わっても、また田んぼが現れます。とにかく緑の田んぼ……。このセッションはそれだけで終わりました。

次のセッションが始まった時、準備のプロセスをやっている途中で、「緑は命の象徴です」という言葉が聞こえてきました。その瞬間、映画『スターウォーズ』のエピソードⅥに出てくる緑の惑星「エンドア」のような星が見えてきました。フォーカス49に着くまで、ずっとそのヴィジョンは見えていました。

そしてフォーカス49に着いたとき、一面緑の草原だった地面が、突然——壁のように高く高く盛り上がってきて、こちらに倒れてきました。まるで津波のようです。緑の壁が津波のようになって押し寄せてきたのです。ぐわああ。逃げました。逃げても逃げてもどんどん緑の波は追いかけてきます。ついに逃げるのを諦めて身を任せることにしました。もうどうにでもなれ！　どどどど……緑が押し寄せ、私は翻弄されました。

しかし——身を委ねて緑に包まれてみると、なんとも表現できない至福感が広がっていきました。暖かく、穏やか……。喜び？　いや……「平和」という言葉がいちばん適切かもしれません。

ふと気づくと緑のトンネルの中にいました。たくさんの人というか存在たちが、トンネルの中を通り過ぎていきます。行き先には……まばゆい光が見えています。

あ？　いつのまにか、私は……トンネルの〝床〟になっていました。そうです。〝床〟になっていたのです。仰向けになって〝気をつけ〟の姿勢。私の体の上をたくさんの存在たちが通過していきます。光に向かって進んでいきます。どこに向かっているのでしょうか……。薄目を開けて光の先を見てみると……、そこにも緑の山があります。山頂には白い雪が見えました。――圧倒的な緑・緑・緑の感覚でした。

緑の至福感……。帰還する途中、各フォーカス・レベルにその感覚を置いてきました。

地球のコアにも置いてきました。

地球のコアには、最終日のセッションでも行きました。

地球コアに戻ってきたとき、ばーっと緑の広がっていく様子が感じられました。何か……地球のために貢献できたような、幸福感と満足感に包まれました。

そして最後に、地球から言われたような気がしました。

「好きに生きていけばいい」

ありがとう。ありがとう。

スターラインズに参加する際の目的の一つ、「宇宙に満ち溢れている生命エネルギーの一端を体験してみたい」というのが、この緑のエネルギーだったのかもしれません。

緑の至福感は、滞在中から帰国途中まで、ずっと残っていました。実際に、胸のあたりに存在感があるのです。顎から胸にかけて、自分の体が盛り上がっているような感覚です。

おそらく、エネルギー体。ハートのエネルギーだったのではないか、と思います。

ソンブレロ銀河への旅

スターラインズでは、天文学のレクチャーがあると言いましたが、私にはSF小説やSF映画程度の知識はあっても、専門的な天文学の知識はまったくありません。何の予備知識もありません。予習もしていきませんでした。なので、レクチャーはただ眠いだけでした。

ところが、二日目のレクチャーを受けていたとき、ビックリしました。

資料の中に、「M104（ソンブレロ銀河）」という名前を発見したのです！　そうです。「エクスプロレーション27」のときに言葉の連想で出てきた、あの「ソンブレロ」です。

その瞬間！――ゾクゾクっとしました。

「そうか！　これだったのか。きっと何かあるに違いない！　行きたい！　ソンブレロ銀河に行ってみたい！」——そう思いました。強く思いました。

　五日目の朝、現実のものになりました（ヘミシンクの世界でのことですが）。


「ソンブレロ銀河に連れて行ってくれ！」とアファメーションしました。（ほとんど命令ですね）。

　すると、インコが現れました。そうです。これもエクスプロレーション27のときに現れた、ガイドのインコです。予想通り、また会えました。

「案内しましょう」——そう言われたような気がしました。

　あっという間でした。ほとんど移動

ＮＡＳＡ公式ＨＰより転用

感覚はありません。

地表は暗く極寒です。たしかに、以前エクスプロレーション27のときに見たのはこの星です。目を凝らすと、やはりポツポツと明かりが見えます。

一つの明かりに向かって、まっすぐに近づいていきました。スッと、光の中に入りました。すると――なんとそこには、明るい〝地下世界〟が広がっていました。

クリーム色と薄茶色で統一され、街並みは中心部から放射状に続いているようです。整然としています。地上とは打って変わって、空は明るく輝いています。暖かいです。

建物は、高いものでも私の膝丈くらいしかありません。何か小さなものがポツポツと見えます。動いています。生き物のようです。この星の生命でしょうか。まるでガリバー旅行記のようです。

すると、小さな生き物が話しかけてきました。

「やあ！　って左手をあげたら、何でもOKなんだよ」

え？　何だ？　話について行けません。

「この星では、地球で言うところのお金がない。〝貨幣経済〟がないんだよ」

へえ！　じゃあ、物が欲しかったらどうするんですか？

「だから、やあ！　って左手を上げたらOK。なんでも欲しいものを持って行っていいんだよ」

えーっ！

「これ以上説明しても、君にはわかんないよね。いつでもいいよ。また勉強しに来るといい。待ってるよ」

「わかりました。ところで、この星の名前は？」

「フィン……」——最後のほうが聞きとれません。あるいは単に「フィン」という名前の星なのか……。

また来ます。必ず。

あっという間の旅でした。あっけない……。

本当にソンブレロ銀河に行ったのでしょうか？　それとも何か象徴的なメッセージなのでしょうか……。しかし、半年前のエクスプロレーション27のときには、ソンブレロ銀河の存在自体知りませんでした。これは何か意味のある偶然の一致、シンクロニシティに違いありません。

確かなことは、地球生命系とは異なる価値観の世界を垣間見たいという、スターラインズに参加した目的の二つ目が、この体験だったということです。

「貨幣」という概念のない世界——憧れです。子供のころに夢想したことがあります。大人になってからも、何度か夢に見ことがあります。

はたして地球でも、実現可能なのでしょうか？　「やあ！」と左手を上げるだけで何でも手に入るような、それでも混乱しないような社会を、作ることができるのでしょうか。現状を見ると、地球上ではなかなか難しいように思えます。

貨幣は、私たち人類が営々として築き上げてきた、経済を機能させるためのルールであり約束事です。しかし、長い歴史の中で、貨幣を巡って様々な悲喜劇が生まれてきました。さまざまな感情や善悪の判断、価値観など複雑なものがまとわりついています。それは人類が創造した、巨大な信念体系、と言えるかもしれません。一朝一夕に、まったく別のルールに変わるのは、難しいのではないかと思えます。

しかし、可能性はゼロではないと思います。私たちが創造したものであれば、私たちが変えることはできるはずです。それが、「やあ！」と左手をあげればＯＫと、いうようなことかどうかはわかりませんが。

ところで、インコのガイドは、ソンブレロ銀河への案内役でした。やはり、ガイドにもいろいろ役割があるようです。

この星のことを、もっと知りたいです。でも、いまの私の交信能力や理解力ではなかなか難しい気がしました。

そういえば、エクスプロレーション27のとき、インコとの会話の中で、「帰れない」「帰るときになったらわかる」という言葉がありました。この意味は……、「帰れない」というのは、私のことではないか。そして「帰るときになったらわかる」というのは、インコが私に言った言葉ではないか、と思うようになりました。

ソンブレロ銀河の中のどこかの惑星に、かつて私自身が住んでいたことがあるのかもしれません。本当かどうかわかりませんが、もしそうだとしたら、ロマンチックです。

緑のエネルギーとソンブレロ銀河――大きなお土産をいただいて、スターラインズ・プログラムは終わりました。大満足でした。感謝です。

フォーカス49を超えたあと

その後、しばらくソンブレロ銀河には行きませんでした。というか、一人でヘミシンクを聴いても行くことはできませんでした。次に訪問したのは2年後の2010年11月、二回目のスターラインズⅡに参加したときでした。

スターラインズのフォーカス49で味わった緑のエネルギーは、帰国後一ヵ月くらいは体感として残っていました。胸のあたり、顎《あご》からお臍《へそ》のあたりにかけて、緑の炎が宿っているような、そして膨れ上がっているような感覚がありました。そのときの至福感も思い出すことができました。

しかし、一か月を過ぎてくると、ほとんどなくなってしまいました。それでも、ヘミシンクを聴き始めると、すぐに胸が膨らむような感覚が戻ってきました。半年間くらいでしょうか。その後は、なかなか同じ感覚になることは難しくなってきました。やっと思い出してきたのは、つい最近のことです。

実は、スターラインズから帰ってきた後、私の個人的なヘミシンク体験は、しばらく停滞期に入っていたような気がします。

自分ではまったくそんなつもりはなかったのですが、「達成感の後の喪失感」があったのかもしれません。モンロー研、スターラインズ、フォーカス49、宇宙旅行、緑のエネルギー、ソンブレロ銀河……。よくぞこんなところにまで来られたもんだ……。たいしたもんだ……というような心境でしょうか。まったくの無意識でした。

その後の私は、今から思えばかなりハードなスケジュールの毎日を送りはじめていました。平日は稼業の仕事があり、土日はトレーナー。自分でも主催セミナーをやっていました。週二回のヨガにサルサの練習……などなど、内よりも外の世界のことで忙しかったのです。

正直言って、ヘミシンクを聴く時間は、セミナーでトレーナーをやっているとき以外、ほとんどありませんでした。トレーナーをやっているときに聴いても、集中はできません。たまに自宅でも聴きましたが、疲れて眠ってしまったり、集中できなかったり、仕事のことを考え始めてしまったり……。

「達成感の後の喪失感」というのは、誰しも陥りやすいものだと思います。「燃え尽き症候群」も同じようなものかもしれません。

セミナー参加者の中にも、ときどき一時的にものすごい勢いでセミナーを受講していたと思ったら、急にピタッと来なくなる人がいます。あるいは、ヘミシンクCDをコレクターのように買い集めて、一通り聴いたら満足してしまう人とか……。

一年の間に、ゲートウェイ・ヴォエッジからスターラインズⅡまで5つのプログラムを一気に受講し、それで打ち止め、ヘミシンクは終了、という人もいます。そのあとは、何ごともなかったかのように、日常生活に戻っている人もいます。

短期間にコツをつかみ、それを定着させるためには、集中的にセミナーに参加することは大変有効です。自宅で一人でやるよりも、何倍もスピードは速いです。しかし、あまりにも速いスピードで受講すると、消化しきれないまま次を受けることになってしまいます。消化を上回るペースで受講すると、逆効果の場合もあります。

モンロー研では、次のプログラムを受けるまでに、少なくとも半年から一年くらいは間を空けるのが理想的だとされています。体験を消化し、次の準備ができるまでに、そのくらいの期間は必要なのです。グラウンディング（地に足をつける）の期間です。その間は、自宅で聴いたり、1日コースや2日コースに出たりして、ヘミシンクの感覚を忘れないようにしておくことを、アクアヴィジョンではお勧めしています。

私自身も、スターラインズから後の期間は、単なる停滞ではなく、それもまた、必要な時期だったのかもしれません。向こうで体験したことを、こちらの世界で表現する。地に足をつけて生きる……。そういう期間だったのではないかと思います。

ヘミシンクを聴いているときの体験は停滞していたかもしれませんが、実生活の面では、さまざまな変化がありました。今から思うと、たくさんのシンクロニシティがあったと思います。

そうです。これこそが——ほんとうのヘミシンク効果ではないかと思います。

第2章

スランプから至高体験へ　～上の如く下も然り～

『ヘミシンク完全ガイドブック』全6巻

２００８年の12月頃、坂本さんとハート出版の間で、ヘミシンクの解説書を作る話が持ち上がりました。『ゲートウェイ・エクスペリエンス』という全6巻のアルバムに、一冊ずつ解説書を付けて販売しようという企画でした。

幸いなことに、私はこの企画に最初から参加することができました。生まれて初めて、本の執筆に携わることができたのです。こんなに貴重な経験は、ほんとうに初めてでした。

『ゲートウェイ・エクスペリエンス』は、モンロー研究所の「ゲートウェイ・ヴォエッジ」という一週間の滞在型プログラムの内容をもとに制作された、家庭学習用プログラムです。ＷａｖｅⅠからＷａｖｅⅥまで6つのアルバムから構成されています。

家庭学習用ということなのですが、ゲートウェイ・エクスペリエンスにはジャケットサイズで30頁程度の簡単な解説書は付属しているものの、スペースの関係で説明が不足していたり、翻訳文のために分かりにくい部分があったりします。また、Ｑ＆Ａのようなものもほとんど入っていません。

家庭学習の場合は、セミナーに参加するのと違って、トレーナーのアドバイスを参考にしたり、参加者の体験談からヒントを得たりすることができないため、勘違いをしたまま進めていたり、不安にかられることもあります。疑問があっても、誰かに尋ねることもできません。

家庭学習者のためのガイドブックを作ろう。そのようなことから、この企画が持ち上がったのです。内容的には、アクアヴィジョン・アカデミーのセミナーでお伝えしていることをもとに、エクササイズごとに詳しく説明していく。聴くときのポイントや留意点、テクニック、コツや心構えなどを丁寧に。体験談やQ&Aも、可能な限り載せていく。

企画と執筆を、私が任されることになりました。坂本さんが監修。

タイトルが決まりました。

家庭学習用プログラム　ゲートウェイ・エクスペリエンス
ヘミシンク完全ガイドブック（Ｗａｖｅ Ⅰ～Ⅵ）

私の考えたコンセプトは、「紙上でセミナーを再現しよう」というものでした。読者の方があたかもセミナーに参加しているかのような〝ライブ感覚〟を味わうことができれば、と思ったのです。ヘミシンクのセミナーでは、ＣＤを聴いてエクササイズを行なう前に、目的や意義、聴くときのポイントや留意点などについてミーティングを行ない

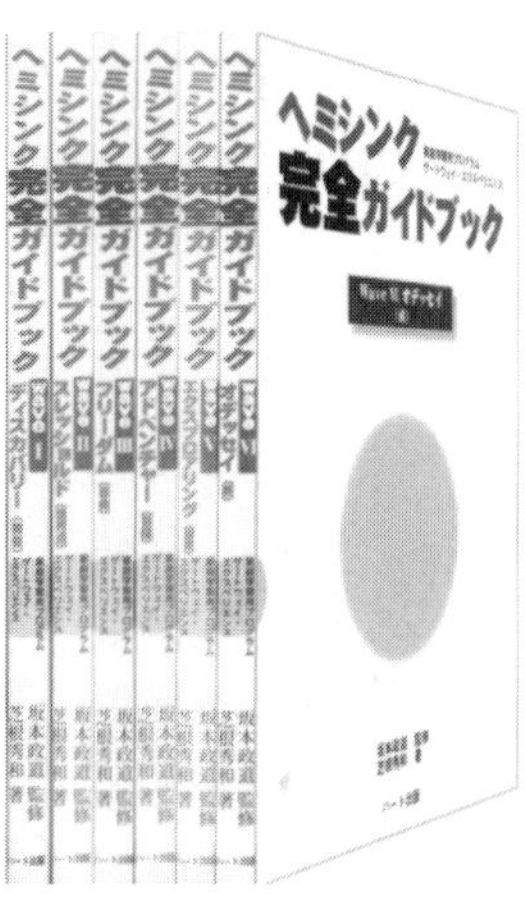

ます。聴いた後は補足説明を行なったり、体験談を話し合ったり、質疑応答などのフォローを行ないます。そして次のエクササイズの説明に入ります。このような、セミナーの進行を本の中で再現してみたかったのです。

同じセミナーでも、トレーナーの個性によって色づけが違います。このガイドブックでも同様に、アクアヴィジョンのセミナーでお伝えしていること以外に、私自身の体験談や気づきなどもふんだんに盛り込みました。

1巻目が出版されるまでに、企画から半年以上かかりました。原稿執筆だけでなく、6巻全体の構成や編集のスタイル、販売価格など、さまざまなことが検討されました。

1巻目が出たあとは、ほぼ3か月に一冊のペースで書いていきました。最後の6巻目が発行されたのは2010年10月。2年近くかかりました。長期のプロジェクトでした。監修の坂本さんを始め、ハート出版の日高社長、藤川編集長、佐々木さんなど、いろいろお世話になりました。執筆の機会を与えていただいたことに、ほんとうに感謝しています。

一冊書くたびに、新しい発見がありました。坂本さんは「執筆はガイドやハイヤーセルフとの共同作業だよ」と言っていましたが、まさにそれを実感しました。

全体の企画は最初に練りましたが、具体的には一巻ごとに、その都度考えていきました。そのとき、「この巻は、これでイケる！」という瞬間があります。インスピレーションがやってくる瞬間があるのです。毎回それを経験しました。

例えば、2巻目では「人生は選択だ」というフレーズ——これを思いついたとき、「書ける！」と直感しました。それまで悶々としていたのですが、その瞬間「やった！　イケる！」と。3巻目では「エネルギーは思いに従う」、4巻目は「行動が奇跡を起こす」……など。

書いている最中も、勢いに乗っているときと、無理やり言葉をひねり出しているときがあります。勢いに乗っているときは、とにかくパソコンのキーボードを打つのが追いつかないくらい、次から次へと言葉が出てきます。そういうときは、おそらく向こう側とつながっていると思います。食事や睡眠などで中断されたくない、このまま書き続けたい……と思いますが、肉体を持っている限りそういうわけにはいきません。

印刷されて見本が手元に届いたあと、読み返してみると、自分が書いたものとは思えないような感覚を覚えることがあります。「あれ？　おれはこんなこと書いたっけ？」とか、「おー！　なんて良いことを書いているんだ。一体誰が書いたんだ？」「このフレーズは使えるから赤線を引いておこう……って、自分の本なのに」と。ほんとに他人事のようでした。

まさに「ガイドやハイヤーセルフとの共同創造」だったと思います。

私はプロの作家ではないので、計画通りに執筆は進みません。書けるときもあれば書けないときもあります。本業の仕事が立て込んでくると、執筆はおろそかになってしまいます。やっと仕事が片付いて、さあ書こうと思っても、調子を取り戻すのに時間がかかってしまいます。

それなのに、よくも3か月に一冊のペースで書けたものです。これはもう、自分の力だけではないです。

『ヘミシンク完全ガイドブック』には、私がヘミシンクに取り組み始めた2004年から2010年ころまでに学んだこと、セミナーでお伝えしていること、執筆中に気づいたり新たに学んだりしたことなど、すべてを盛り込みました。

全部書いちゃったら、セミナーで話すことがなくなるんじゃないの？　という心配もありましたが、坂本さんから「ライブのセミナーの良さと独習とは違うよ。セミナーではダジャレを言えるけど、本だと言えないしね」という、よくわからない応援（？）もあり、躊躇《ちゅうちょ》することなく、すべて公開することにしました。

確かに、実際のセミナーでは、参加者同士の情報交換もできるし、体験をシェアしてお互いに刺激しあうこともできます。トレーナーは参加者の状況を見ながら対応できますし、参加者はその都度トレーナーに質問しながら取り組めます。和気藹々《わきあいあい》、楽しく冗談を言い合いながら取り組めます。など、いろんなメリットがあります。そして何より、グループ・エネルギーという力強い応援があります。

だからこそ、ガイドブックでは、少しでも実際のセミナーに近い形を再現できるように、ていねいに解説していきました。

おかげさまで、『ヘミシンク完全ガイドブック』は独習者必携の参考書として、ゲートウェイ・エクスペリエンス愛用者のみなさんにお使いいただいています。

〝ご縁〟だらけのアクアヴィジョン

『ヘミシンク完全ガイドブック』の出版が始まった２００９年、アクアヴィジョンは、いろんな出来事がありました。

まず、ヘミシンク・センターが、上野御徒町から神楽坂に引っ越しました。神楽坂のセンターがオープンしたのは、２００９年5月30日です。

オープンと同時に、アクアヴィジョンのホームページもリニューアルされ、セミナーのオンライン申込みが可能になりました。ＣＤ・書籍販売のオンラインショップは一足先（同年2月）にリニューアルが終わっていました。

また、セミナー事務局が設置され、スタッフが常駐するようになりました。それまでは成田の事務所だけでしたが、このときから、成田事務局はＣＤ販売、神楽坂事務局はセミナー担当と、分担するようになったのです。

それやこれやで、アクアヴィジョンは、創業5年目を迎えて、やっと組織として整ってきました。

これらの組織づくりには、私も最初から関わっていました。そして、たくさんのシンクロニシティを実感することができました。

まず、引っ越し先の神楽坂の会場は、セラピスト向けのレンタルスペースで、5階建てのシックなマンションです。神楽坂の閑静な住宅街の一角。公園のすぐそばにあります。

この会場は、私がトレーナーを始めたころ、主催セミナーの会場として借りていたところでした。主催セミナーを開始するにあたって、ネットでいろいろ調べて候補を絞り、よさそうなところを順番に下見していこうと思って、まず最初に、この会場を訪問しました。

ご自身もセラピストであるオーナーの奥さんと話し、会場をみせてもらいました。一発で気に入り、即決しました。しかも、オーナーはヘミシンクのことをご存知でした。坂本さんの本も読んでいました。さらにあとで知ったのですが、船井幸雄さんのこともよくご存じの方だったのです。

このような〝ご縁〟があって、引っ越し先として神楽坂の会場にすんなりと決めることができました。ちなみに、あとでも触れますが、アクアヴィジョンとトータルヘルスデザインのご縁ができたのも、このオーナーのご尽力だったのです。

さらに、現在セミナー事務局の責任者であるキクノさんとも、不思議な〝ご縁〟です。キクノさんには、引っ越しと同時に事務局スタッフとして勤務していただきました。

実はキクノさん。別仕事の就職活動をしていていました。その仕事がほぼ決まりということで、それまで住んでいた家を売りに出して福岡から上京していたのですが、なんとその仕事が不採用になってしまったのです。先々のことを迷っているときに、アクアヴィジョンの新年会に参加し、なんだかんだと話しているうちに、それじゃあ事務局で働いてください、ということになったのです。

今では、キクノさんはアクアヴィジョンになくてはならない存在になっています。もしこのとき、別の仕事に採用になっていたら……想像できません。

同じセミナー事務局に2009年9月から働いているトモコさんも、勤続ウン十年の会社を辞めて何か仕事を……と思っているところに、その噂を聞きつけた私がお声掛けして、それじゃあ……ということでスタッフとして働いてもらうことになったのです。これも〝ご縁〟です。

ほんとに、〝ご縁〟だらけです。

2009年の2月に、CD・書籍販売のオンラインショップをオープンしたときの裏話なのですが、実は、私は4月ころをめどにオープンさせたいと思って、データ登録などの準備をぼちぼちと進めていました。単純作業は、忙しくなる前にやっつけようと思って、暇な時を見計らって、わりと早めのスケジュールで進めていました。結果的には、早めに進めていてよかったのです。

2月のいつだったか忘れましたが、突然――それまで使っていたシステムが、容量オーバーで動かなくなってしまったのです。それから急ピッチで作業を進めて、ほんの数日の間にオープンにこぎつけることができました。

いやいや。早めに準備をしておいてよかったです。〝たまたま〟でした。たまたま時間に余裕のある時期があったので、先行して準備できていたので、対応できたのです。そういう状況が作られていたのではないかと思います。

このころは、アクアヴィジョンにとって組織づくりの大切な時期でしたが、ほんとうに、いろんなことがベストのタイミングで起こっていました。アクアヴィジョンだけでなく、私たちトレーナーにも、シンクロニシティを感じることがたくさん起こっていたと思います。

札幌へミシンク・セミナー

北海道でのへミシンク・セミナーは、ゲートウェイ・ヴォエッジに参加して以来の親友、加藤善康さんが担当しています。彼は地元函館で主催セミナーを開始しました。ふだんは食品製造業の社長をやっています。二足のわらじ。

加藤さんのセミナー会場は、函館山を正面に市内を見下ろす高台で、閑静な住宅街にある一軒家です。自宅とは別にもう一軒。別宅です。贅沢？　実は、この一軒家購入のいきさつも面白いです。アクアヴィジョンのトレーナー募集が始まる1～2か月前に、知人からの勧めで購入していたのです。しかも、借金までして。

なぜか――「近々必要な時期が来るかもしれない……」という直感があったそうなのです。不思議です。加藤さんの持論は「ヘミシンクの体験は、ヘミシンクを聴いているときだけはない。ふだんの生活の中にこそ、ヘミシンク効果による変化が表れている」というもの。確かにその通りですね。直感に素直に従って正解でした。本当に必要になったのです。

加藤さんは、地元函館でヘミシンク・セミナーをスタートしました。しかし、参加者の方の多くは、函館ではなく、札幌や帯広、釧路、旭川など道内各地から来ていました。中には、青森や秋田からも、わざわざ津軽海峡を渡ってやってくる人もいたようです。

2008年には、ご縁があって、帯広でセミナーを開催しました。会場手配と集客を手伝ってくれる人がいたのです。帯広セミナーは、私もいっしょに手伝いました。

しかし、北海道でヘミシンクを広めていくためには、やはり交通の便のいい札幌で開催しなければならない、という使命感のようなものを、加藤さんは感じていました。そこで、札幌でセミナー会場を探そう！　と、決意したのです。

ところが、決心はしたものの、なかなか札幌まで足を運ぶチャンスもなく、たまに仕事で出かけても、下見をするような時間もありませんでした。しばらく悶々《もんもん》としていました。そんなある日、２００９年春のことでした。あっという間に会場が決まったのです。

そのとき、私は加藤さんと電話をしていました。彼は運転中だったので、車を止めて携帯電話で話していました。

「札幌で開催することになったら、また一緒にやろう」

「ＯＫ」

「しかし、札幌会場はどこがいいかなあ」

「う～ん」

そのとき、彼は「あっ！」と叫びました。急に思い出したのです。

「そういえば、函館のセミナーに来てくれたヨシダさんという人が、コンベンション何だかっていうような仕事をしている人だったぞ」

「それはピッタリかも。その人の連絡先はわかるか？」

「えーっと……。あっ！」

「どうした？」

「いやあ――ダッシュボードの中に、ヨシダさんの名刺あるぞ！」

実は加藤さん。函館のセミナーが終わった後、ヨシダさんを函館駅まで車で送っていったのです。そのときに名刺をもらっていたのに、車の中に置きっぱなしだったのです。失礼な話です。しかも、彼はそのことを、すっかり忘れていました。

「よし！　いま電話する」と言って切り、直ぐにヨシダさんに電話しました。


私は、電話を切り、パソコンに向かって仕事をしていました。しばらくして――30分ほど経ったころでしょうか、加藤さんから連絡がありました。

「おい！　ひでー！　会場が決まったぞ！」

「は？」


なんと加藤さんがヨシダさんの会社に連絡を入れたとき、これまた運のいいことに、いつもは忙しくて飛び回っているヨシダさんが、たまたまデスクにいたので、すぐにつかまりました。

事情を話すと、「わかりました。ちょっと待っていてください。いま当ってみます。折り返しますので、いったん切っていいですか？」とのこと。

え？　そんなに早く決まるの？　と半信半疑で待っていると……数分後……。

「もしもし。ヨシダです。決まりました」

「え〜〜っ！」

会場は、「ホテルさっぽろ芸文館（旧 北海道厚生年金会館）」でした。和室のあるホテル。十数名が入れる部屋。しかも、角部屋で静かなところ。ヘミシンク・セミナーの開催を許可してくれるところ……。すべての条件がクリアされていました。しかも、なんと、ヨシダさんは価格交渉までしてくれて、若干ですが安く借りられることになったのです。

こうして2009年の7月、初めて札幌でのセミナー開催が実現できました。ヨシダさんに感謝です。ヨシダさんがいなければ、札幌での開催にはもっと時間がかかっていたと思います。

ご縁です。運がいい。ツイている。すべてがうまく回りました。向こうからの応援や計らいがあったんだと思います。しかし、それを引き寄せたのは、加藤さんが、直感にしたがって直ぐに行動に移したからです。

まさに、「行動が奇跡を起こす」です。


ついでにお話ししておくと、北海道で3泊4日の宿泊コースをやりたい！というのが、加藤さんと私の共通の夢でした。その夢が実現できたのも、ヨシダさんのおかげです。

今年（2013年）7月に、洞爺湖畔のペンションで、「地球（GAIA）との交感セミナー」

を開催することになったのですが、実はそのペンションを見つけてくれたのはヨシダさんでした。さらにヨシダさんは、またしても、細々《こまごま》とした条件の交渉までしてくれたのです。

まったく、足を向けては寝れません。

坂本さんとバシャール

2008年11月、坂本さんがバシャールと対談しました。

「バシャール（BASHAR）」は、アメリカ人のダリル・アンカをチャネラーとして、「ワクワクして生きる」をメイン・コンセプトにメッセージを伝える「集合意識」です。ダリル・アンカは、1984年以来、全米、日本、カナダ、オーストラリア、イギリスなど世界各地で、バシャールとのチャネリング・セッションを行なっています。

1987年に初来日して以来、日本の精神世界に大ブームを起こしました。数あるバシャール本の中の第一作『バシャール』（VOICE）は、発売当初、日本中に強力なインパクトを与えたと言われています。「ワクワク」などバシャールからのメッセージの内容もさることながら、「チャネリング」という非物質の高次存在とのコミュニケーション手段もブームになりました。

と言いつつ、私自身は、1980年代後半のバシャールブームをリアルタイムには経験していません。当時は必死で仕事をしていました。私が精神世界系の本を読み始めたのは1995年前後で、バシャールの本を手にしたのもそのころだったと思います。

坂本さんとバシャールの対談は、２００８年11月初旬、ロサンゼルス郊外のホテルで行なわれました。対談時間は、３日間で合計８時間。そのときの内容は、２００９年５月『バシャール×坂本政道 人類、その起源と未来』（ＶＯＩＣＥ）として出版されました。理系の坂本さんならではの内容です。新しいバシャールからのメッセージが引き出されています。

坂本さんにとって、バシャールとの対談は、たいへんな衝撃だったようです。なぜなら、坂本さんがこれまでに書いてきた本の内容が一部間違っていたことに気づいたからです。そこで、ＶＯＩＣＥから出版される前（２００９年３月）に、『分裂する未来 ―ダークサイドとの抗争―』（ハート出版）を緊急出版しています。「はじめに」から抜粋します。


この対談は私にとって衝撃的であった。２０１２年に起こることについてのこれまでの私の考えに、少なからぬ変更を迫るものだったからだ。

私はこれまでヘミシンクを使って宇宙へ出て、そこで出会うさまざまな生命体たちから情報を受け取り、それをそのままお伝えするというスタンスをとってきた。

情報源の素性の良し悪しなど考えたこともなかった。そういう生命体はみな徳の高い存在という漠然とした先入観を持っていたからだ。

ところがバシャールとの対談から、宇宙人にもネガティブな存在がいることが示唆され、自分の情報源について再度検討してみる必要を感じた。

その結果、情報源のいくつかはネガティブな存在であった可能性が出てきたのだ。ネガティブな存在とは、俗に言うダークサイドの宇宙人である。

彼らの特徴として、脅迫めいたことを言ったり、天変地異が起こると言ったりして、我々人類を恐怖と不安に落とすのである。そうやって我々をネガティブな未来へ導いてゆく。

あるいは、あなたは特別に選ばれた人だとエリート意識をくすぐる手も使う。

それに対して、ポジティブな宇宙人は、バシャールのようにポジティブな未来を描いてみせ、我々をポジティブな未来へと導いてゆくのだ。

坂本さんは、自分の意見に固執しない柔軟性を持っています。間違っていたら素直に間違っていたと認めます。

大変不遜な言い方で恐縮ですが、坂本さんとバシャールの対談が実現したのは、ほんとうにベストなタイミングだったと思います。この対談以降、坂本さんの発するメッセージは、すべてポジティブなものに変わっていったと思います。

ネガティブな存在からのコンタクトは、ヘミシンクをやっている最中に起こるだけではありません。現実世界の人物から情報がもたらされることもあります。実際、坂本さんもいろんな人からそのような情報をもらっていました。その現場に、私も何度か立ち会ったこともあります。

誤解しないで聞いていただきたいのですが、ヘミシンクをやっている最中に得られる情報の中には、このようなネガティブな内容のものも含まれていると思います。そういうときは、一喜一憂しないほうがいいです。おかしいな？　と思ったら、反応しないほうがいい。そして、「他人に伝えなさい」などというような命令口調の情報は信じないほうがいいと思います。

「私のガイドが、あなたに伝えなさいと言うので、伝えるのですが……」

「これからあなたには、よくないことが起きるので、気をつけなさいと言われました」

「あなたには、人類救済のための重要な役割が与えられました」

ガイドやハイヤーセルフは、決して、脅したり怖がらせたり、命令したり、逆に褒め上げたり、特別扱いしたりしません。絶対に。

しかし、そういう情報がやってきたり、そういう人物に出会うということは、私たちの中に引き寄せているものがあるからです。原因は自分にあります。ところが、ネガティブな情報を真に受けている人たちは、そのことに気づいていません。

だからこそ――潜在意識の浄化、クリーニングが必要なのです。私たちの潜在意識にネガティブなものを引き寄せる原因がなければ、そういう情報はやってきません。そういう人物とも縁はできません。たとえやってきたとしても、何の影響も受けることはありません。

さらに、ネガティブ系は、原因を自分以外のところに求めさせようとするのではないかと思います。これも危険です。

「私が最近、運が良くないのは、〇〇さんが悪いからだ……」

「私が病気になったのは、〇〇さんが悪いエネルギーを送ってきたからだ……」

原因を外に求めていると、詐欺的なものを引き寄せるのではないかと思います。

「この壺を買えば、運が良くなります」

「この印鑑を買えば、病気が治ります」

誰かのために何かをしてあげるのは、絶対的に正しいことだという考え方も、一歩間違えば、思い上がりや、大きなお世話になってしまいます。

「お祓いをしてあげましょう」「清めてあげましょう」

「未来を変えてあげます」「過去世を救出してあげました」

話をバシャールに戻しますが、坂本さんの対談本を読んでから、私はもう一度バシャールの本を読み返しはじめました。また、須藤元気さん、本田健さんとバシャールの対談本も読みました。改めて、バシャールは素晴らしいメッセージを伝えてくれているんだなと思い直しました。

坂本さんは対談後、自分でもバシャールと交信できるようにトレーニングし、ほどなくできるようになりました。『分裂する未来』には、交信によって得られた情報が書かれています。さらに、そのときに発見した交信のテクニックをメソッド化し、「バシャール・コース」というヘミシンクのセミナーに仕上げました。バシャール自身も、私たちが直接コンタクトすることを推奨しているようです。

バシャール・コースは、２００９年10月から開催されています。毎回、坂本さんによる直接指導です。いままでに30回以上開催され、３００人以上の人が参加しています。バシャール・コースは毎回盛況です。ほとんどの人が、何らかの形でバシャールとのコンタクトに成功しています。人によって違いますが、自分のガイドやハイヤーセルフよりも、バシャールのほうがつながりやすい人もいます。また、バシャールとつながる練習をすると、自分のガイドともつながりやすくなるようです。

坂本さんは一時期、頻繁にバシャールと交信していました。その後は、ペレ、ディアナ、トートなど、さまざまな高次の存在と交信し、メッセージを受け取っています。

「スターラインズII」

２００９年11月、熱海で開催されたスターラインズIIに参加しました。スターラインズIIは、

2008年3月に始まったばかりの新しいプログラムで、坂本さんも一回目に参加したばかりでした。もちろん、日本では初めての開催。モンロー研としても、英語以外でプログラムを行なうのは初めて、とのことでした。

2008年にデビューしたこのプログラムは、これからの10年間におけるエネルギー変容への移行にあたって、人類の集合意識を目覚めさせるための機会を作るものです。フォーカス49を通して、地球コアと銀河コアの間の道をさらに強固なものにします。そして、さまざまな方法で、次元のシフトについて探索していきます。

…（中略）…

最も重要なことは、参加者が、地球自身の声や意識に、より深く同調するようになることです。宇宙の発する新たなエネルギーを受けて、私たちの母なる地球は、変容を遂げつつあるようです。地球は、私たち人類を身ごもり、そのバイブレーションを高めてくれる子宮です。そのような地球と私たちとの間の象徴的な関係について、詳しく検討します。

開発したのは、スターラインズと同じ、ベテラン・トレーナーのフランシーン・キング。2007年の6月ころに、このプログラムのガイダンス（ガイドからのメッセージ）を受け取り、開発に着手したそうです。

モンロー研究所のレジデンシャル・ファシリテーターであるフランシーン・キングは、自身の内なるガイダンスに励まされ、助けられながら、このプログラムを開発しました。このプログラムは、彼女の生涯を通じた意識探求や、天文学、宇宙物理学、考古学、古代神秘の分野における最新の研究に基づいています。

スターラインズⅡは、スターラインズと同じフォーカス42、49を使います。名前も「スターラインズ」で同じですが、内容はかなり違いました。Ⅱのほうは、天文学の話はほとんど出てきません。その代り、現代物理学や形而上学、超物理学のレクチャーがあります。

くり返し出てくる言葉は、**「私たちは、創造主である」**というものでした。

私たちは「考える人」であり、「思いが現実化」している。

「思いが、現実を、解釈する」
「思いが、現実を、引き寄せる」
「思いが、現実を、創造する」

自分が「創造主」であることを体験し、理解し、自覚しよう…。

ところが、前章の最後にも書きましたが、私のヘミシンク体験は、２００８年6月にスターラインズに参加したあとから、スランプに陥っていました。現実生活ではさまざまな変化があって、シンクロニシティを感じることもどんどん増えていたのですが、ヘミシンクを聴いているときの体験そのものには、停滞感があったのです。

稼業の仕事にトレーナー業務、アクアヴィジョンの裏方仕事などが重なって忙しく、さらに週二回のヨガ教室に加えてサルサの練習……充実した毎日でした。しかし、ヘミシンクを聴けば寝るという状態で、まるで初心者に戻ったかのようでした。

そんな状態でのスターラインズⅡ参加は、不安で一杯でした。

結果は――どん底と最高を一度に経験しました。どん底は、ほんとに最悪のヘミシンク。そして、最高の経験は、ほんとうに、ヘミシンクを始めて一番の至高体験（Peak Experience）でした。言葉ではなく、実体験として――「創造主」であることを「自明の理」として体験したのです。

歌を忘れたカナリア――絶不調

私は、前回のスターラインズに参加して、ヘミシンク・エクササイズの一つのパターンを確立したと思っていました。CDを聴き始める前の準備と、聴き始めてからの準備のプロセス。一連の流れに沿って進めていけば、リラックスして変性意識状態に入っていけます。そして、ヘミシンクの周波数に導かれながら、イマジネーションの世界の探索をスタートする……。

ＣＤを聴く前の準備では、ストレッチをして体をほぐし、リラックス。呼吸に意識を向けて集中力を高め、観察力の高まりを自覚します。

ＣＤを聴き始めてからの準備では、波打ち際、亀の背中にエネルギー変換箱、服を脱いでたたみ、箱の中に入れる、亀は海に向かって泳いでいく。柔道着に着替えて、お堂の中で炎に向かってレゾナントチューニング。一息でリーボール。滝で禊ぎながらアファメーション。あばら屋に入って、ライトセーバーを点検し、庭先に出て、鶏が卵を産んでいれば、卵かけごはんを食べる。馬、犬とじゃれる。畑に水をやる。縁側でお茶を飲んで一休み……。さあ――と、ＰＩＣコードを使って一気にフォーカス・レベルを上げていく……。

このパターンを確立していました。これでうまくいくと確信していました。いままでこれで成功していたからです。

しかし、今回は……。

初日から、私は戸惑っていました。

いつものパターンで準備のプロセスを行ない、ＰＩＣコードを使ってフォーカス・レベルを上げていく。イマジネーションを駆使してヘミシンクの世界に入っていく……。しかし――何かピンとこないのです。

たしかに、プログラム通りに体験は進んでいくのですが、どこか他人事のような感じがしていました。

「何か変だ。何かが違う……」

手ごたえがないのです。

セッションのたびに、いろいろ試してみました。柔道着ではなく、ランニングシャツと半ズボンに替えてみました。フォーカス12のガラスの家でガイドと会話してみる。フォーカス15の山小屋で休んでみる……。

しかし、しかし、ヘミシンクを始めてから培ってきたさまざまなテクニックが、まったく使えないのです。通用しない。手ごたえがない。向こうからの反応がない。こちらで勝手にイメージしているだけで、キャッチボールになっていない。一方的。

「だめだ、こりゃ」――途中であきらめ、「捨てセッション（?）」と称して爆睡し、次に賭けることにしました。

ところが、起死回生の次のセッションでも、何かが違う、という違和感が拭えません。またしても撃沈、爆睡。――この繰り返しでした。初心者に戻ってしまったような感じでした。

5泊6日の1日目、2日目――まだ余裕がありました。リセット・デイです。今までだったら、このあたりから調子が出てくるはずです。

3日目、4日目の午前中――状況は同じです。焦ってきました。ヤバイ、ヤバイ。このまま終わっちゃうんじゃないの？

そして、4日目の午後――諦めました。抵抗するのをやめました。努力を放棄しました。アクティブにイマジネーションを働かせるという、苦労して苦労して身に着けたテクニックを、一切合財、すべて投げ出したのです。

「もうダメだ。今回のスターラインズⅡは諦めよう。お金をドブに捨てる。ゆっくり寝て休むことにしよう」――そう決心しました。究極の開き直りです。

そうすると、こんどは何もやることがありません。波の音が始まったら、海の上に漂っているつもりになりました。しばらくすると、レゾナントチューニングの音が聞こえ始めますが、自分では何もしません。普通に呼吸し、声も出さない。ただ聞いているだけです。

エネルギー変換箱も、アファメーションも、リーボールも、すべて放棄しました。ただ……波に漂っているだけ……。

ＰＩＣコードを使ってフォーカス・レベルを上がっていくことも、フォーカス27のモンロー研にも立ち寄らず、地球のコアも行かず、フォーカス34／35のヴォイジャー8号にも行きません。

自分から積極的にイメージして行くことは、一切やめました。ただ漂って、ヘミシンクの音に身を任せることにしたのです。ヘミシンクと波……、ヘミシンクと波……。

4日目の午後からこのスタイルに変え、「今回は、これでいいや」ということにしました。こんなことは、初めての経験でした。「努力が信条」の〝ひで〟さんが、努力を放棄したのです。トレーナーとしていつも言っていることとは逆のことをやっていました。とてもとても、参加者の方の前では言えません（って、言っているか……）。

自分からは何もしない。ときどき眼を開けて、天井を見つめます。ナレーションの声には耳を傾けています。眠たくなれば眠ります。でも気にしません。焦りません。流れに任せます。ヘミシンクと波……、ヘミシンクと波……。

すると、不思議なことが起こり始めました。次第に……体験が鮮明になり始めたのです。霧が晴れて、景色がはっきり見えてくるような感じ……。

突然やってきた体外離脱と至高体験

最終日の前日、5日目の朝一番のセッションでした。

その瞬間がやってきました。

フォーカス42の「ポータルルーム」を再び訪れるというセッションでした。ポータルルームとは、これもメンタルツールで、個人用のシアタールームのようなところで、スクリーンに映し出される映像を観る、さらに映像の中に入っていって体験できる、というものです。

このセッションは、「パレンケ」という、フランシーンが独自に作った音響を聴いた後、スタートしました。パレンケを聴いていると、効果音が低音から高音へ、徐々にシフトしていき、意識を上へ上へと引き上げていくような感覚になってきました。

いい感じでスタートしました。

相変わらず、自分からは何も想像しません。ナレーションの声に耳を傾け、流れるに任せていました。ポータルルームの、大きなスクリーンに映し出される映像に見入っていました。西部開拓時代のような殺伐とした砂漠地帯の画像が、パシャ、パシャ、と連続写真のように続いていました。それを他人事のように眺めていました。

しばらくして、異変に気づきました。

「何か変だ……。でも……、何が変なんだろう……」

ふと気づくと、ゴォーッ、グヮーッ、ガーッという轟音がしていました。耳から聞こえると言うよりも、全身で音を感じているようでした。

そのあと、突然として、グラグラしてきました。――地震です。揺れはどんどん大きくなってきました。グラングランしています。揺れはどんどんひどくなっていきます。グラングラン。これはかなり大きな地震だぞ。危ないかもしれない。そろそろ、「地震です。非難してください」という避難のための館内放送が始まるのではないか――と思いはじめました。それほどの大揺れでした。でも、なぜか、私は落ち着いていました。

目を開けて、隣りでセッションを受けている加藤善康さんをチラッと見ると（このときも彼と同室でした）、何ごともないように、ヘッドフォンをしてエクササイズを受けています。おかしいな……と思いながら、そのまま聴き続けていました。

グワングワングワン……。揺れています。しばらくすると、揺れは――次第に、小刻みな振動に変わってきました。ブルブルブルブル……。ブルブルブルブル……。

その時になって、私は思い出しました。

「あ、これは、私自身が揺れているんだ。しかも、エネルギー体が」と。

轟音と振動状態は……典型的な体外離脱の前兆です！

突然――頭から尾てい骨まで、体の中心線を稲妻が走ったように感じました。

ビリッ！っと音がしたような気がしました。同時に——体の中心線に沿ってギザギザの線が描かれているような生体マップがみえました。

その瞬間——、ボンッ！

離脱感がありました。急に——肉体感覚がなくなったのです。

「出た！」と感じました。

ボンッ！　と飛び出したような感じ。次に、グワッと目の前に天井が近づいてきたように思えました。

と同時に、何かがスッと体の中に流れ込んできたような気がしました。それまでの振動・轟音に比べると、それは、とても微妙な感覚でした。

あるいは、何かが自分の体から出ていったのかもしれません。とにかく、何か、微妙な変化がありました。

どのくらいの時間が経ったのか、わかりません。

「手元のボタンを押しましょう」というナレーションの声が聞こえてきました。

「えっ？」と意識をそちらに向けた途端！　サッと現実に戻りました。

すべてが一気に終わりました。

体の中に戻ってきました。轟音も振動もなし。肉体感覚もばっちり。あああぁぁぁ。

終わってしまいました。

「もう一度……」と思っても、もう二度とやってきません。「ふう」。終わってしまった。

ショックでした。そのあとは、エクササイズどころではありません。

「今のは何だったんだろう……」と体外離脱の感覚を反芻していました。

しかし、これだけでは終わりませんでした。


すぐに、異変に気がつきました。

「何か変だ……。何が？　何が、変なんだろう……」

ヘッドフォンをしたまま目を開けて、周囲を見回しました。

「何かが違う……」

天井、柱、壁……。

それは、天井のようで天井でない。

柱のようで柱でない。壁のようで壁でない。

それは、天井のようで、実は、私自身。

それは、柱のようで、実は、私自身。

それは、壁のようで、実は、私自身。

ヘンな言い方ですが、そんな感じ。
つまり、すべてを「自分だ！」と感じていたのです。

「ワンネス」という言葉は知っていますが、これが、そうなのでしょうか？
一体感？――文字で書くと、何か現実感がなくなります。
とにかく、「すべては自分だ！」ということが、その瞬間、「わかった」のです。
覚醒？　そんな高尚なものでもありません。とにかく、「わかった」。

天井も私、柱も私、壁も襖もテーブルも、私。
「そんなの、当たり前だろ？」という感覚です。
当たり前だから説明のしようがない。
私は、私。
歴然とした、自明の理。

そこに、自分がいる。

そこに、自分が映っている。

セッションが終わった後も、しばらく、ボーッとしていました。

「今のは何だったんだろうなあ……」と、茫然としていました。

日誌（ジャーナル）には、ほとんど何もメモしていません。「地震、轟音、振動」という言葉と、簡単な生体マップの中心にギザギザの線を描いた図があるだけです。

しばらくすると、その時の感覚はほとんどなくなってしまいました。同室の加藤さんとも普通に会話していました。「体脱したぞ！」というような、自慢話もしていません。

ただ、「何だか、もったいないことをしたなあ。もっと体外離脱を体験したかったなあ」と、そんなことを、ぼんやりと考えていました。

その日の夕方のセッションは、75分間という非常に長いエクササイズでした。

「次元を超えて、私たちは意識をつないでいくことのできる存在。天と地、向こうとこちら。私たちは多くの生命をつないでいくことのできる存在……」

――このプログラムを開発した、フランシーン・キングの言葉です。

エクササイズの途中、スターゲイトを通過している時でした。

突然、妻や子供、父、母、妹、祖父、祖母、親戚のこと、仕事上の人間関係のことなどが思い出されてきました。それぞれの人生模様が次々と思い浮かんできたのです。

死ぬ寸前には自分の人生が走馬灯のように思い出されると言われますが、そのときは、他人の人生模様が見えたような気がしました。そして、彼らに対する私の想いがよぎっていきました。

「ありがとう」「悪かったね」「すまんすまん」「お世話になりっぱなしで……」「よろしく」「やめてくれ！」「ああ、知らなかった」「ごめん」「俺のせいだ」「たらまんなあ」「うん。頑張る」「あ、そうか！」「感謝です」……。


「何で、宇宙の果てまで来て、身近な人達のことが思い出されるんだ！　もったいない。もっと別の体験をしたいのに……」と残念でした。

地球のコアに戻っても同じでした。私を取り巻く様々な人間関係、人間模様が思い出されてきます。

「こんなことを地球のコアにまで持ち込んで、どうも、すみません」と謝っていました。

目覚めた状態に戻りながら、ジャーナルに記録を始めました。

そのとき、さまざまな気づきが起こりました。

「身近なところから幸せになっていく」

「家族、親せき、友人、仕事……悩みはある。問題もある」

「それが自分の現実。そこから出発すること」

「自分にできることは何か？」


そして、今回のスターラインズⅡに参加したすべての人が、私の現実を表している、という感覚がしてきました。

「このグループが、私の現実」

参加者の「一人ひとりが、自分」

「一人ひとりが、自分の〝表現〟。自分の〝投影〟」


どん底の状態からのスタートでしたが、最後は大満足でした。めちゃくちゃ貴重な体験でした。「創造主」というのは、崇高な神様仏様のことではありません。飯食って風呂入って寝ているような、この「私」——私が現実を創っている創造主——このことを、体験したように思います。

体外離脱という体験を通して、言葉ではない、事実として、自明のこととして、「創造主」の自覚を促されたのではないか……そう思いました。

……ということは、今になって言えることです。体験した直後は、ここまで整理できていませんでした。ただショックのあまり、ぼんやりしていました。

私が現実を創っている

スターラインズⅡから帰ってきてしばらくすると、そのときの感覚はまったく無くなってしまいました。まったく残っていません。一体感もなければ、天井や柱を見ても、自分だとは感じません。周りの人たちを、自分の表現、自分の投影だとも思えません。嵐が過ぎ去ったかのように、何も残っていません。

しかし、「あの体験をした」ということだけは、憶えています。

「私は、あの体験をしたことがあります」

「あの時、私は、そのように感じました」

それは、事実です。

たったそれだけのことですが、それは、事実です。

「思いは現実化する」という言葉がありますが、それは「願いは叶う」とか「願望実現」といったことではなく、「自分の思いが、現実を作っている」ということではないか、と思います。

しかし、そのことを、私たちは、本当に納得しているかどうか。

「現実は、自分が作っている」

「自分が、現実を作っている」

聖なる予言、神との対話、バシャール、プレアデス、引き寄せの法則、ホ・オポノポノ……スピリチュアル系の本には、必ずそのことが書かれています。聖典と呼ばれるような古《いにしえ》の本にも、表現は違えど同じことが書かれていると思います。基本の基本。

しかし、私たちは、はたして、このことを、心底、理解しているか、どうか。わかっているかどうか……。


「自分の周りの現実は、自分の心の投影である」ということ。

「自分は現実に対して、全責任を負っている」ということ。

だから、もし、現実を変えようと思ったら、自分の思いから変えていくしかない。これはもう、当たり前の当たり前。

人のせいにする、環境のせいにする、人が変わることを期待する、環境が変わることを期待する……そう思っている限り、何も変わらない。

現実を作るのは自分の責任で、まずは自分の思いを変えていく。常に自分の心の中の囚われや思い込み、不要な信念、執着などをリリースしていく。そういうことをやり続けていける人間になろう。そういう人生を、これからは選択していこう。――そう思いました。

いや、ひょっとしたら、「変える」必要などないのかもしれません。なぜなら、自分で創造した現実なら、何か意味があって創ったのではないでしょうか？　私たちは、自分がこの現実を創った意味を、もう一度確認する必要があるのかもしれません。

スピリチュアルなことに詳しい方なら、「何をいまさら、当たり前のことを！」――かもしれません。

そうですね。当たり前のことです。何をいまさら、です。

でも、本当にそう思ったのです。心の底から、確信を持って。

なぜ、確信が持てるのか…。

それは――「あの体験があったから」です。


あのとき、何が起きたのか――。

おそらく、振動とともに「フォーカス42のエネルギー」が入っていたのではないか、と思います。仮説ですが。別の言い方をすれば、自分のエネルギー体とフォーカス42の振動数が共鳴した……。

エネルギーには「情報」も含まれます。あのとき、まさに一瞬の出来事でしたが、ボンッ！

と飛び出したときに、この「情報」が入ってきたのではないか、と思います。
入ってきたのは、「思いは現実化する」という「情報」――その体感、実感とでもいうべき「真実」です。

スターラインズⅡでの体験は、今までの中で最高、究極とも言えるものでした。
しかし、急激なダイエットには急激なリバウンドがともなうように、このときの貴重な体験も、日を追うごとに薄れていってしまいました。――もったいない！
そうなんです。――このときの体験は、究極の姿、理想の姿を示してくれただけでした。

それを仮に「悟り」と言うならば……、
私が「悟った」わけではないのです。
「悟ったらこうなるよ」ということを教えてもらっただけだったのです。

それを仮に「覚醒」と言うならば……、
私が「覚醒した」わけではないのです。
「覚醒したらこうなるよ」ということを教えてもらっただけだったのです。

そのことにほんとうに気づいたのは、さらに2年後、2011年のことでした。

成長、進化というのは、行ったり来たりしながら、少しずつ進んでいくんですね。

続きは、またあとで。

究極のリラクゼーション法

スターラインズⅡから戻ってきて、翌々週のことでした。私はほぼ週二回、ヨガのレッスンに通っているのですが、あるとき面白い体験をしました。

アーサナのあと、呼吸法を行なう前に、数分間の長い「シャヴァ・アーサナ」を行ないます。シャヴァ・アーサナというのは、仰向けに寝て疲れを癒す、最もリラックスできるポーズです。全身の力を抜き、自然呼吸で、ヒーリング音楽に身を委ねて数分間、リラックスします。

そのとき――ああ、眠いなぁ……と思った瞬間――ブルブルッと振動がやってきました。ハッとして目を開けました。すぐに振動はおさまりました。一瞬のことでした。

「あ、これだった」と、あの体験を思い出しました。スターラインズⅡで体外離脱したときの、あの感覚でした。

振動が収まったあと、ふと「お返しします」という言葉が出てきました。口には出していません。心の中で唱えていました。「しばらくの間、お返しします」と。

自分でもびっくりしました。そして次に、「今から離れます」という言葉が続きました。

私は、自分の肉体から意識を遠ざけるようにしました。肉体のコントロールを、すべて手放したのです。そして、何も考えないようにして、シャヴァ・アーサナの時間が終わるのを待っていました。

そのときの私の思考はほんの一瞬のことでした。しかし、説明するとけっこう長くなります。


肉体は、私のわがままをいつも聞いてくれています。歩こうと思えば足が動きます。字を書こうと思えば指が動きます。さらに、私の知らないところでも働いてくれています。食べ物を口から入れれば消化してくれて、栄養分を吸収し、排せつしてくれます。心臓は勝手に動き、血液を循環させてくれます。私の思う以上のことをして、私を助けてくれています。

私の肉体を構成する60兆個の細胞は、一つひとつが、個別の生命体です。一つひとつに意識と意志があります。それらが寄り集まって、心臓や肝臓などの臓器や神経系などの部位を組織化しています。そして私という肉体全体を創り上げています。一つひとつはバラバラなのに、寄り集まって、全体として調和し、働いています。

いつもありがとう。

しばらくの間、私は離れています。この体は、あなたたちにお返しします。その間は、私のためではなく、あなたたち自身のために、働いてください。しばらくの間、あなたたち自身のために、働いてください。

いつもありがとう。

私は、全身から意識を離すようにしました。足の先から指先、胴体、顔、頭まで、すべて意識しないようにしたのです。

しばらくして、音楽が終わりました。

「呼吸に意識を持ちます……。体にも意識を持ちます……。両手バンザイ。上下に伸びます……」

インストラクターの声で、離していた意識を肉体に戻してきました。――シャヴァ・アーサナが終わりました。

いつも以上に、私はすっきりしていました。心身ともに、完全にリフレッシュできました。すばらしい。

これだ！　と思いました。これこそ、究極のリラクゼーション法ではないか！

それからレッスンのたびに、シャヴァ・アーサナはこの方法で行なうようにしました。さらに、ヘミシンクのエクササイズにも取り入れました。波の音が聴こえ始めたら、すぐにこの究極のリラクゼーション法を行なうようにしたのです。

「いつもありがとう。私は離れています。お返しします。しばらくの間、あなたたち自身のために、働いてください」と唱えて、肉体から意識を離すようにするのです。非常にうまくいくようになりました。

その後、2~3か月あとでしょうか。ヨガ教室で長いシャヴァ・アーサナをやっているときのことです。いつものように、肉体に感謝し、意識を離していきました。

そのとき――ふと、肉体の声を聴いたのです。

「戻ってきてください。使ってください」

え?

「戻ってきてください。使ってください」

すぐに理解しました――そうなんです。肉体は、私のために存在してくれているのです。使ってほしいのです。動いてほしいんです。そのために、肉体は存在しているんです。――ありがたいことです。大事に使いたいと思いました。

これからも、体の声を聴くように努力したいと思います。いつも勝手に使っていますが、ちょっとの間だけでもコントロールを手放し、体の声を聴く――そういう習慣を身に着けたいと思っています。

さて、スターラインズでの「緑のエネルギー」や「ソンブレロ銀河への旅」は、ゴールではありませんでした。そのあと、スターラインズⅡでの「至高体験」がありました。今度の体験もゴールではない、ということはわかっていました。一つの通過点——新たなスタート地点にすぎません。

私の探索・探求は、まだまだ続きます。

第3章

身近なところから幸せに　～内の如く外も然り～

私はあなたの味方です！

実は、２００９年のスターラインズⅡに参加する数か月前から、なぜか、いろんな人から相談事を受けることが多くなってきました。私は２００５年に心理カウンセラーの資格を取得しましたが、それを生業にはしていません。なのに、仕事関係の人とか、親戚の人とかから、ポツポツと「ちょっと相談したいことがあるんだけど……」という感じで連絡が来るのです。そういう年齢になってきた、ということかもしれませんが……。

相談を受けたとき、「はい。何でしょう……」と言いつつも、内心は「ん～。面倒だなあ。この忙しいときに、何でかなあ」などと思っている自分がいます。勝手なやつです。そういうときは、「この現実は私が作ったものだ」とか「この現実に私は全責任を負っている」なんて、とても信じられません。

ある近しい親族の女性から、別居、離婚の相談を受けました。もう何年も自分だけの内に秘めて黙っていたけど、もう我慢ができない……ということでした。長文の何ページにもわたる手紙をもらいました。そこには、自分と夫、子供の関係、どんな問題があったのか、延々と綴られていました。

おおもとの原因は、夫のわがまま。言葉による暴力。わがままを無理に通そうとして、言葉がさらに暴力的になる。それが怖いから黙っている。さわらぬ神に祟りなし。すると面白くないので、さらに横暴になる……。夫は自分がわがままだとは思っていない。夫であり父親だから当然のことだと思っている。一家の大黒柱は自分だと。

きちんと相談しようと思っても、話にならない。一方的に暴言を吐いて、席を蹴ってしまう……。

彼女とは電話でも話しました。最初は、不安というか、怯えているように感じられました。おそらく、「考え直しなさい！」とか、「あなたにも悪いところがあるんじゃないの？」、あるいは「我慢が足らないんじゃないの？」などと説教されるのではないか、と心配していたんだと思います。彼女自身も、「悪いのは私のほうだろうか」とか「わがままなのは私のほうだろうか」など、迷いや自責の念もあったかもしれません。そんな気持ちが、よくわかりました。

私は、まず、私自身のスタンスを明確にしなければならない、と思いました。そこで……「私は、どんなことがあっても、あなたの味方です」と宣言しました。そして、「あなたがどんな結論を出しても、私は賛成します」と。本人は覚えているかどうかわかりませんが、私は言葉にしてハッキリと言いました。

それが功を奏したのかどうかわかりません。少なくともこちらの意志は伝わったのではないかと思います。しだいに具体的な相談ができるようになりました。今では別居して4年になります。その間、二人の子どもは就職しました。彼女は少しずつ、自分の生活を立て直しつつあるようです。私は、今でも相談に乗っています。まだしばらく続きます。最近はカミさんのほうが連絡係、相談係になっています。女性同士のほうが話しやすいことが多いようです。

コミュニケーションの土台は信頼関係だなあと、つくづく思います。どんなに言葉を弄しても、いったん崩れた信頼関係を元に戻すのは容易ではない。

これもまた、コミュニケーションについての学びではないかと思います。

ところで、スターラインズⅡで地球のコアに行ったとき、次のような気づきがありました。

「身近なところから幸せになっていく」

「家族、親せき、友人、仕事……悩みはある。問題もある」

「それが自分の現実。そこから出発すること」

「自分にできることは何か？」

これって、今の自分が置かれている立場のことを言っていたんだなと、今になって思います。

ごめんなさい！

スターラインズⅡが終わった翌年、2010年の1月、母が重い病になりました。検査の結果、即入院。手術が必要とのことでした。

母はこのとき84歳。田舎で一人暮らしをしています。父が亡くなって32年。ほとんどの期間を一人で生活してきました。収入の糧はあるので、生活には困っていません。

それをいいことに、私はずっと母を放ったらかしにしていました。自分の子供が大きくなってくると、帰省の頻度は減ってきました。母から電話がかかってくることはあっても、私からかけることはほとんどありません。たまに上京してきても、仕事が忙しいのをいいことに、これまた放ったらかしでした。それでもカミさんはうまく関係を維持してくれていました。

多くの家庭がそうかもしれませんが、母親は長男に対して過干渉になりがちです。それに対して、息子は反発します。ただ普通なら二十歳前に終わっているはずの反抗期が、私の場合は長引いていたのかもしれません。母とかかわるのが面倒でした。甘えているからこそできることですし、そのことはわかっているつもりでしたが……。

それでも年齢を重ねるにつれて、私も素直にはなってきました。でも、面倒くさいなあという気持ちはいつも持っていました。

で――入院しました。たとえ手術が成功したとしても、予断は許さないとのこと。

私はショックを受けました。右往左往しました。いろんなことが頭をよぎりました。このまま東京に連れてきて、こちらで入院してもらうことも考えました。しかし、それは母が嫌がります。

あるいは、私がこのまま実家に戻るか……。もし亡くなったらどうするか。もし東京に残るのなら、家や畑の処分などどうするか……。頭の中がグルグル回ります。

しかし、これが現実です。逃げるわけにはいきません。とにかく今は、最善の方法で病を治すことを優先すべきです。スターラインズⅡでの気づきを思い出しました。

母は、知人の勧めもあって、転院することにしました。次の病院は西日本でも有数の施設で人気が高く、ベッドが空くまでに一ヵ月近い空白がありました。その間のことが心配でしたが、転院先の病院が経営するケア・センターに、短期入居することができました。三食付きなので安心です。

この猶予期間を使って、私たちは、術後のケアをどうするか、調べたり話し合ったりしました。病院の近くにウィークリー・マンションを借りて、妻と私の妹の二人交代で面倒を見ることになりました。

一番よかったことは、これだ！　と思える代替療法が見つかったことです。徹底的に調べました。母にも本を読んでもらい、納得してもらいました。

それやこれやで、術後の入院が終わって、自宅療養の期間を過ぎて、元気に回復しました。今では、手術前よりも元気なくらいです。

私は月に一回のペースで帰っていました。携帯電話を持たせました。いまでもほとんど毎日のように電話をしています。母とこんなに頻繁にコミュニケーションをとっているのは、生まれて初めてです。

母の病を通じて、いままで母とのコミュニケーションがあまりにも少なかったこと、母のことを放ったらかしだったことを痛感しました。現在は、いままでのツケを全部返しているような気がしています。

この間、私は泥縄式に（?）ヘミシンクを使ったヒーリングのエクササイズや、ホ・オポノポノの4つの言葉を唱えたりしていました。しかし、病気が良くなりますようにとか、治りますようになど、結果を願うようなことは行ないませんでした。結果は期待せず、ただエクササイズを行なっていました。祈っていました。

この現実は、きっと何か意味があるから現れているはずだ。だから、今に没頭しよう――そう思っていました。考えないで、今やるべきことに集中し、対応していくことにしました。

手術が終わったあと、しばらくして、病室で、私は正直に告げました。
「いままで放ったらかしにして、悪かったな」と。
すると母は、「そういう話は、聞きとうない。あんたはあんたで好きにすりゃあええ」と、プイと横を向いたまま、ぶっきらぼうに答えました。気恥ずかしかったんだと思います。

私も恥ずかしかったです。でも、長年のつかえがスッと取れたような気がしました。声が詰まり、目頭が熱くなりました。恥ずかしい。

向こうの世界では、相手の考えていることはすべてわかる、と言われています。しかし、こちらの世界では、わかりません。相手のことを理解し、こちらのことを理解してもらおうと思ったら、コミュニケーションをとるしか方法はありません。コミュニケーションは言葉だけでなく、態度やしぐさ、表情など行動のすべてを使って行なわれるものです。

さまざまな方法を使って相手とのコミュニケーションを行なう。ときには誤解が生まれ、ケンカにもなります。誤解が解け仲直りできれば喜び、笑います。

私たちは、コミュニケーションを学ぶためにこの世に生まれてきたのではないか、と思います。親子のコミュニケーション、夫婦のコミュニケーション、友人とのコミュニケーション、恋人とのコミュニケーション、仕事上のコミュニケーション……。あらゆる場面で、私たちはコミュニケーションし、失敗や成功を通して学んでいます。

向こうに帰れば、無条件に理解しあえるのに、あえてこちらで不便なコミュニケーションを行なおうとするのは、不便だからこその学びがあるからではないかと思います。

私たちは、コミュニケーションすることを、億劫がってはいけないと思います。放棄したら、生きている意味がありません。

私たちは、コミュニケーションするために、こちらの世界で生きているのです。

――本当にそう思いました。

コミュニケーションを学ぶために生まれてきた

いま一度、「コミュニケーション」について考えてみたいと思います。

向こうの世界は、「ユニティ（統合）」――〝ひとつ〟です。意思の疎通はテレパシーのように簡単です。最初から周波数帯が合っているので、チューニングの必要がありません。思うだけで伝わります。直感、インスピレーションがコミュニケーションのツールです。――スターラインズⅡのときの「ワンネス体験」で、そのことを実感しました。

しかし、こちらの世界は「セパレート（分離）」です。最初から別れているので、他人が何を考えているのか、黙っていると、まったくわかりません。話さないと伝わりません。文章にしないと理解してもらえません。顔の表情、身振り手振り、握手をしたり、抱き合ったり、プレゼントをしたり……。

受け止める方も、相手の言っていること、言わんとしていることを理解しようと努力する必要があります。何を言おうとしているのか、何を感じているのか、何を考えているのか……。想像力が必要です。

自分のことを相手に理解してもらおうと思ったら、「理解してください」ではなく、理解してもらえるように伝える必要があります。自分は何を考えているのか、何を感じているのか、なぜそのように思うのか、そう思うようになった理由は何か……。

私たちは、なぜ、こんなに不便で面倒な世界に生まれてきたのでしょうか？　なぜコミュニケーションのことで、いろいろ苦労しなければならないのでしょうか？

先ほども述べたように、私たちはコミュニケーションを学ぶために生まれてきました。では、なぜコミュニケーションを学ぶ必要があるのか？

私たちは、さらなる「ユニティ（統合）」を目指すために、あえて不便な「セパレート（分離）」を選び、コミュニケーションを学んでいるのではないか、と思います。

分離しているからこそ、相互の対話と理解のためのコミュニケーションが必要になります。コミュニケーション力を磨けば磨くほど、統合に近づき、さらに統合を深めていくことができます。

「言ってもわからない」ではなく、私たちの「言い方が足りない」と思ったほうがいい。
「言っていることがわからない」ではなく、こちらの「理解力が足りない」と思ったほうがいい。
「わかってくれない」ではなく、こちらの「説明が足りない」と思ったほうがいい。

そうすることで、私たちは、さらなるコミュニケーション力をマスターしていくことができます。

コミュニケーションにおいて、最も必要なのは、「共感する心」ではないかと思います。相手の考えていること、感じていることを理解しなければ、何をどのように伝えれば納得してもらえるのか、わかりません。そのためには、相手の立場に立って、相手になりきって、相手になった〝ふり〟をして、相手の〝つもり〟になって、考え、感じてみなければなりません。それが「共感する心」です。

相手のことがわかれば、「こういえば伝わる」とか、「まずは、このことをお伝えして、そのあとでこう言えば、納得してもらえる」など、具体的なコミュニケーションの方法がわかります。

親子関係や夫婦関係では特に、お互いに理解し合えているという「誤解」が生まれやすいです。「私のことをわかってくれているはずだ」と思って、言葉が足らなくなったり、「どうしてわかってくれないのよ！　きーっ」となったりしがちです。

親の子どもに対する期待と、子どものやりたいことが、一致していることもありますが、違うこともあります。それは話し合わなければわかりません。しかも、子どもは、自分のやりたいことをうまく言葉にできないことが多いです。自分でもはっきり自覚できていないこともあります。だからこそ、コミュニケーションは難しいと思います。

夫婦の場合は、さらに難しい。なぜなら、もともとは赤の他人です。それぞれ育った環境が違います。価値観や習慣が違います。夫婦関係とはこういうものだとか、こういう家庭が理想だとか、子どもはこういうふうに育てるべきだとか、そういった価値観について、「当たり前だ」と思わないで、自分の考えを整理して伝え、相手からも聞き、じゃあこれから二人でどうしようか、と相談していかなければなりません。

（この文章。自分で書きながら、「お前が、よく言うよ」と反省しております）

さらに、習慣の違い——「トイレの中で新聞読まないで！」「え？　なんで？」、「仕事から帰ってきたら、まずは飯だろ？」「え？　お風呂じゃないの？」……。

職場や仕事上での人間関係にも、同じことが言えますね。同じ会社にずっと勤めているとわかりませんが、転職すると、組織によっていかに常識や価値観や慣習が違うのか、よくわかります。仕事上の悩みの9割は、人間関係にまつわることではないかと思います。上司と部下の関係、同僚との関係、取引先との関係……。

書きながら、つくづくコミュニケーションの大切さを感じます。

私の本業の話ですが、私は長年、企業のコミュニケーション（広告や広報）の仕事に携わってきました。主に担当しているのは、企画やプランニングの分野です。

企画を考えるときには、まず、情報を伝えたい人（企業）が、誰に何を伝えたいと思っているのかを整理します。しかし、一方的に情報を流しても、相手に伝わらなければ何にもなりません。砂漠に水を撒くようなものです。そこで次に、情報を受ける人（消費者・生活者）は、何を考え、何をどのように知りたがっているかを考えます。アンケートやインタビューなどの調査を行なったりすることもあります。

情報を受ける人（消費者・生活者）のことを調べる際に、もっとも大切なことは、「仮説」を立てることです。たぶんこうじゃないか？と。調査を行なう場合にも、仮説を立てたうえで、その検証のために行ないます。ゼロベースでいきなり聞くのは無駄です。

仮説を立てる上で大切なのが、「想像力」です。そして、想像力の源は、「共感する心」ではないかと思います。共感し、相手のことがわかれば、「だったら、こう言えば伝わるはずだ！」ということが想像できます。

誤解を恐れずに言えば、「共感」は「憑依」と同じようなものではないか、と思います。霊とか神が降りてきて乗り移る、あの「憑依」です。あるいは、「チャネリング」とも近い感覚かもしれません。そこまで相手になりきることはできませんし、トランス状態で自分の意識を失うこともありませんが、能力的には同じようなものではないかと思います。

ヘミシンクに取り組み始めてから、直感力と共感力の２つが、磨かれているのではないか、と思います。「企画のポイントはこれだな！」と直感するまでの時間が短くなっているような気がします。「相手はたぶんこう思っているだろうから、こういう順番でこういうふうに伝えたほうがいい」といった共感力も高まっていると思います。もちろん、長年の経験や蓄積もあると思いますが。

しかし、見方を変えれば、相手を理解するということは、自分を理解することと同じことではないかと思います。なぜなら、現実を創っているのは私たち自身だからです。

相手のことがわかれば、自分のこともわかる。自分のことがわかれば、相手のこともわかる。相手とのコミュニケーションは、すなわち、自分とのコミュニケーションでもある。

内と外のシンクロニシティ

「私はあなたの味方です！」と宣言しました。

「今まで放ったらかしにしてごめんなさい！」と謝りました。

この言葉は、相手に対して伝えています。他人とのコミュニケーションです。

しかし、それは同時に、自分自身とのコミュニケーションでもあったと、今になって思います。

あるいは、自分の側面との対話。

人は誰しも内面に、自分でも嫌だと感じているところや、不足していると思っている部分、不満に思っているところ、問題だと思っているところなどを抱えています。私たちは、ともすれば、それを「敵」とみなして戦い、屈服させようとします。あるいは、我慢したり、抑えつけようとしたりします。

それによって、私たちの内面には抑圧された感情の複合体（コンプレックス）が作られ、その影響によって、私たちの思考や行動は制限されたり歪められたりするようになります。コンプレックスは、今生で作られたものもあれば、過去世や別の人生から引きずっているものもあります。

コンプレックスは、しだいに一つの「人格」を持つようになってきます。私たちは自分の内面に、自分の言うことを聞かない、思い通りにならない、まるで他人のような存在を抱えることになってきます。多かれ少なかれ、これは誰しも経験していることです。

内と外は同じものです。内面にあるものが外に投影します。外にあるものが内面に影響を与えます。相互作用です。

内面の問題を解決しようと思ったら、外の問題にも対応しなければなりません。外の問題が解決されれば、内の問題も解決されます。

内も外も、両方の問題解決が必要です。どちらか一つだけではダメです。片方だけだと、一見解決されたように見えても、またいつか同じ問題が繰り返し表れることになります。

「私はあなたの味方です！」というのは、私の内面の「人格」に対して言っているのと同じことでした。「敵じゃないよ。味方だよ」と。そのように投げかけることから——対話が始まりました。「今まで放ったらかしにしてごめんなさい！」というのも、私の内面の「人格」に対して言っているのと同じでした。「これからは、ちゃんとケアするからね。あなたのことは、忘れないからね」と。そうすることで——関係が修復していきました。

この時期、コミュニケーションを巡る問題が表面化してきたのは、次のステップに進むための準備ができていたからではないか、と、今になって思います。次の課題です。

それは——自分の内面との対話、自分自身とのコミュニケーションについて学ぶことが、これからのテーマの一つだったのです。

熱海から小淵沢へ

さて、前章の「〝ご縁〟だらけのアクアヴィジョン」で書きましたが、神楽坂へミシンク・センターの建物のオーナーは、船井幸雄さんのことをご存知でした。まったくの偶然でしたが、このことが後になってビックリするようなご縁に広がっていきました。

オーナーのご尽力で、坂本さんは、船井幸雄さんと近しい関係にあるトータルヘルスデザインの近藤会長を紹介していただきました。近藤会長は「自ら試して効果のあるものしか取り扱わない」との方針をお持ちでした。このときも、近藤会長と青木社長（当時は東京元気アップショップ店長）のお二人は、アクアヴィジョンのセミナーを受講されました。

お二人はセミナーを気に入っていただき、その日の夜の会食の席で、アクアヴィジョンの商品の取り扱いと、坂本さんの講演会、雑誌でのインタビューなどが決定しました。


坂本さんの講演会は、2010年の4月、大阪と東京で開かれました。大盛況。大勢の方にご参加いただきました。

東京での講演会の後、雑談をしているとき、どういう話の流れからか、旅館やホテルなどの宿泊施設の話になりました。そのとき、坂本さんだったか私だったか忘れましたが、何気なく「実はいま、宿泊のセミナーは、熱海のリゾートホテルの2フロアを借り切ってやっているんですが、もっとモンロー研に似たような、緑あふれる自然環境の豊かなところがないか、探しているんです」というようなことを話しました。実際にいくつかの施設を調べたりしはじめていたところだったのです。

すると、青木社長が、「あ、そういえば、ちょっとご縁のある会社が山梨にあって、そこが社員や取引先のための研修施設のようなものを作ったんですが、まだそんなに利用されていないように聞いたと思うんですが……」というようなことをおっしゃいました。

そのときは、「へえ。あ、そうですか。じゃまた機会がありましたら……」と、社交辞令のような挨拶を返していました。しかし、私のメモリーにはしっかり保存されていました。これがラッキーでした。

翌月、5月中旬頃、坂本さんのところに、熱海のホテルから一通のショッキングなメールが届きました。

「5月末をもって、当ホテルは閉館させていただくことになりました」――。

坂本さんから連絡があり、「ひでさん、大変なことになったよ」と。私も「がちょ～ん」です。寝耳に水とはこのこと。「坂本さん、どうしましょう」。

9月からは、ライフライン、エクスプローレーション27、スターラインズ、スターラインズⅡと、宿泊セミナーが目白押しでした。いまから他の施設を探すとなると、大変なことです。さらに、すでに申し込んでいる方への案内なども必要になります。ひえー。考えるだけで、頭が痛くなってきます。

そのとき、ふと、トータルヘルスデザインの青木社長の言葉を思い出しました。

「そういえば坂本さん、青木社長が、かくかくしかじかのことを言っていましたよね。尋ねてみたらどうでしょうか？」

「そうだっけ？」

「ええ。おっしゃっていましたよ」

ということで、さっそく坂本さんは青木社長にメールしました。


坂本さんがメールしてから2～3日後、やきもきしながら待っていると、青木社長から返事がありました。

「先方は乗り気です。一度お会いしたいとのことです。私もご一緒します。いつといつなら都合がいいのですが、坂本さんはいかがですか？」とのこと。

何ということでしょう――話は一気に進み始めました。場所は山梨県北杜市小淵沢、「ルラシュ癒しの杜」という、アルソア化粧品の経営する宿泊施設。

数日後、青木社長の案内でルラシュを訪問しました。JR小淵沢駅から車で約10分。八ヶ岳の麓にある、自然環境あふれるすばらしいロケーションです。

交渉はとんとん拍子に進み、こちらの要望もかなり入れていただいて、何度かやり取りの末に、契約させていただきました。

感激したのは、配線工事を許していただいたことです。コントロールルームからケーブルを、床と天井を通して各部屋に延ばし、ヘッドフォンのジャックを壁に取り付けてもらいました。今度からは、パチッと差し込むだけで準備完了です。これは最高でした。というのは、熱海のホテルでは、2フロア分の配線を何時間もかけて準備していたのです。セミナーが終わったら撤収作業もあります。これは大変な重労働でした。わざわざそのためだけに手伝いに行ったりしたこともあります。

さらに素晴らしかったのは、ルラシュの食事が、久司道夫氏のマクロビオティックだったことです。マクロビオティックというのは、1930年代に桜沢如一氏が始めたとされる、石塚左玄の「食物養生法」と、中国の「易」の陰陽を組み合わせた玄米菜食の食養法です。1950年以降、桜沢氏の直弟子である久司道夫氏によって米国を中心に世界に広まり、現在はクシ・マクロビオティックとして逆輸入（?）の形で広まっています。ルラシュを経営するアルソア・グループでは、一般社団法人KIJ（クシ・インスティテュート・オブ・ジャパン）を設立し、日本でのマクロビオティックの普及を支援しています。

坂本さんは当時、ヘミシンクの効果をさらに高めるためには、食事も大切にしなければならないというメッセージを受け取っていたとのことで、ここにもシンクロニシティが起こっていました。

この交渉がうまくいった背景には、アルソア化粧品の社長が精神世界のことに理解があったことが後押しになったようです。それと、もちろんトータルヘルスデザインさんの推薦があったと思います。そうでなければ、なかなか簡単にはいかなかったと思います。

とにかく、9月からのセミナーに間に合いました。〝ツイている〟というのは、こういうことなのでしょう。ものごとが流れるように決まっていきました。

「法人」という言葉があるように、アクアヴィジョンという組織にも、人間と同じように一つのアイデンティティがあるのではないかと思います。もちろん、坂本さんという個人の影響力が一番大きいのですが、法人には法人の人格があるのではないかと。

とするならば、アクアヴィジョンにもガイドがいるのかもしれません。今回の顛末を見ていると、そのように思えます。

二度目の「スターラインズII」

宿泊セミナーの会場が熱海から小淵沢に移った2010年の11月、二回目の「スターラインズII」に参加しました。会場であるルラシュに参加者として泊るのは初めてでしたが、施設の素晴らしさと、至れり尽くせりのサービスに感激しました。

さて、前回のスターラインズIIで私は、初めての体外離脱を体験し、同時に「現実は自らが創造していること」ということを体感しました。まさに「至高体験」。単なる「知識」としてではなく、実際に「体験」したことは、非常に貴重な出来事でした。

しかし、日常生活に戻り、日々の生活を続けていると、そのときの感動と興奮は薄まっていってしまいます。「あのときの体験は、いったい何だったんだろう……」と。

とは言うものの、あの瞬間——何かが大きく変わったのは確実です。あの体験が「真実」だったことは自明のこととしてわかっています。疑いようがありません。「あれは本当のことだった」と、直感的にわかっています。あの体験のあとは、受け取ったメッセージを少しずつひも解きながら、一つひとつ確認しているような気がします。まだまだ腹の底から理解しているとは言えず、日々の中で「体現」できているわけではありません。しかし、何かガシャンと、レールのポイントが切り替わったようです。

今回のスターラインズⅡでは、また新たな課題が出てきました。それは、私が潜在意識の中に押し込んで、思い出さないようにしていたものです。顕在意識レベルでは分かっていませんでした。そのことに、今回のスターラインズⅡで気づくことになりました。

前回と違い、今回のスターラインズⅡでは、スランプは脱していました。ヘミシンクのエクササイズは通常のペースに戻っていました。

二日目に、フォーカス42のメモリールーム（メンタルツールの一種）でヘルパーと会い、「未来の記憶を思い出し、私は何をすればいいのか？」聞いてみる、というセッションがありました。補足説明として「切り捨てた自分を認めていくことによって、新しい人生を選択していくことができる」と言われます。未来の記憶の中に、切り捨てた自分がいるのでしょうか？

メモリールームに入り、ヘルパーを呼びました。

現れたヘルパーの姿を見てびっくりしました。

〝学ラン〟をグダグダに着た、不良っぽい学生だったのです。ズボンはダボダボで、ポケットに手を突っ込んだまま、肩を怒らせてダラダラ近づいてきます。学ランのボタンは留まっていません。白いTシャツが見えています。おまけに髪型は……リーゼント！

えーっ！　これがヘルパー？

そのとき、メッセージがやってきました。あるいは自分で考えたのか……どちらでも同じことです。

「やりたいこと、やるべきことに集中する」

「いまやりたいことは、育むこと、伝えること」

「やるべきことは、調整すること。仕事も、人間関係も」

「そのためには、自分がリードする存在であること、そういう存在になることを〝自覚〟

すること」

「本来持っている資質を解放すること」

その瞬間――過去の嫌な記憶が蘇ってきました。

中学生のころ、生徒会長と柔道部のキャプテンをしていました。

高校生になった時、そういう立場には二度となるまい、と思いました。

フタをしました。無視することにしました。

セッションが終わったあと「あっちゃー」と思いました。参ったなあ。そう来たか、という感じ。一番痛いところ、逃げているところを突かれました。

確かにそうなのです。中学生の時にフタをして以来、代表やリーダーなどの立場は極力避けてきました。飲み会の幹事すら、ほとんど引き受けたことがありませんでした。

一番嫌だったのは会議の司会です。人の意見を引き出してまとめていく、ということが苦手でした。たくさんの人の意見をまとめていくよりも、自分一人でじっくり考えて結論を出したかったのです。それに「くっだらねえ話は聞きたくねえ」というような身勝手な面もありました。調査の仕事でグループインタビューを受託することがありましたが、一度も司会をやったことがありません。「勘弁してくれ」と逃げていました。

飲み会の幹事は、学生時代に一度やっただけで、25年の会社員生活では、まったく一度も経験していません。人の都合を調整するのが面倒だったのです。「みんな身勝手なことばっかり言いやがって……」と。

そうは言っても、社会人になってある程度の経験を積んでくると否応なく、プロジェクトのリーダーや会議の司会、委員会のまとめ、管理職、会社の設立など、人をまとめていく立場に立たされるようになりました。

それはそれで人並みにはこなしてきたという自負はあります。やるからには完璧に成し遂げたいと努力してきました。しかし、心のどこかに、降りようとしている自分がいました。できれば避けたい、辞めたい、降りたい、やりたくない……。

純粋に仕事だけの問題なら、リーダーシップをとることほど楽しいことはありません。社外のスタッフをメンバーにしたプロジェクトのマネジメントには、自信がありました。しかし、ことが同じ社内の組織が絡むと、人間関係やら派閥やら、妬み、僻みなど、いろいろと面倒なことが起きてきます。また、親会社・子会社の関係でも、加害者・被害者のような関係を見てきました。この手の話は、ほんとうに嫌でした。会社を辞めて独立したのも、そのようなごたごたが嫌だったからです。

「出てきちゃったー」――たしかに、切り捨ててきた私の側面でした。学生の頃から引きずっている問題です。

あるいは、もっと昔から、何かがあったのかもしれません。そういえば、以前「楽しかった過去世をみせてください」とアファメーションしてフォーカス15のエクササイズを行なったとき、体験したのはほとんどが〝職人〟の過去世でした。『あきらめない！ヘミシンク』にも書きましたが、大工だったり、建築家だったり、土木屋だったり、蒸気機関車の設計だったり……。一人で何かを創っている――それも、芸術的なものではなく、実用的なものでした。楽しかった人生の中には、リーダーや人の上に立って引っ張っていくような過去世は一つもありませんでした。

今回は、このことが重要なテーマなのでしょう。

トレーナーのフランシーン・キング曰く、「プログラムの前半は、材料を集めている段階かもしれません。後半には、その材料を使って、何かが作られていくのです」。

あなたも私も代表者

三日目は、何の体験もないまま終わりました。無意識のうちにブレーキをかけている自分がいました。自覚できています。思い出したくない、触れたくない、前に進みたくない。――このままではダメです。何か手を打たなければ……。

四日目の「スターゲイトを越えて」というセッションのときでした。


準備のプロセスが終わったあと、どうしたらいいのか考えていたところ、ふと思いつきました。

よし——みんなでいっしょに行こう！

家族、親せき、仕事仲間、友人など、全員で行くことにしました。一人ひとりの顔を思い浮かべながら、こちらの世界に呼びました。いっしょに行こう！

メモリールームに着きました。人でごった返しています。ロビーまで人があふれています。熱気でムンムンしています。エネルギー充填１００％。

フォーカス49——「スターゲイトを越えていきましょう」というナレーションがありました。

さあ、みんなで行こう！　私は呼びかけました。

すると、「きみが代表だろう？」という声が聞こえてきました。

みんなも「そうだ！　そうだ！」と同意しています。

いやいや、勘弁してください。ここまでいっしょに来たんだから、これからもいっしょに行きましょう。それに、私が代表者だなんて、とんでもない……。

「何を言っているんだ！　きみが代表者だ！　一人で行って来い！」

尻を叩かれ、私は意を決しました。

「わかりました！」

突然――体が上に引っ張られました。ビューン。上のほうに渦が見えてきました。どんどん近づいていきます。そして、ズボッと渦の中に、頭から突っ込んでいきました。


――場面が変わりました。出た！　という印象がありました。

真っ暗です。漆黒の暗闇。宇宙空間のようです。星が見えます。私は宇宙空間に浮いています。何も聞こえません。無音です。別の宇宙に来たのでしょうか？

突然、音もなく、何者かが私の横を通り過ぎていきました。すーっと。またしばらくすると、すーっと。仏像？　という気がしました。観音菩薩？　何でしょう。ここはどこでしょう……。

「ゼロ」の状態――という言葉が浮かびました。ゼロ？　ゼロ・ポイント？

たしか、「ゼロ・ポイント・フィールド」って、量子力学で使われている理論だったはずです。これ以上の探索は不可能でした。


次の「地球のコア」へ行くというセッションのときでした。

今度は言葉でメッセージを受け取りました。聞いたというよりも、浮かんできた、と言ったほうが正確かもしれません。


「代表者としての自覚」

「代表者の一人であるという自覚」

「きみだけじゃない。みんな、何かの代表をしているんだよ」


メッセージは、「代表」と言っています。リーダーとか指導者とは言っていません。「リーダー」は文字通り、リードする人、先頭に立って案内する人です。しかし「代表者」は、多数の人の代わりをする人。英語で言うとリプレゼンタティブ（representative）。代議士、国会議員のようなものです。代表取締役、代表電話……。たまたま、役割として、みんなの代わりをしている。


五日目の「フリーフロー・フォーカス49」のときでした。ひさびさに、ガイドのインコが現れました。「ソンブレロ銀河に行こう」と言います。

そうか。そうだな。聞きたいこともあるし。

パッと場面が変わりました。あの星の地下都市に到着しました。移動感はありません。二年ぶりの訪問です。

私の質問がわかっているのか、いきなり何人もの人から話しかけられました。

「この星に、支配者はいない」

「地位に付属する権威というものはない」

え？　ちょっと、待ってください。

「物事をまとめる人、決める人、という役割はある」

「自分の役割は、自分で決める」

はい。

「役割は、変わる」

「向いていなければ、誰も従わない」

「向いていないとわかれば、自分から変わる」

「自然と役割は変わっていく」

はい。

「この星では、誰もが、すべてのことを、自分で決めている」

難しい。抽象的です。まだうまく会話できません。会話が続かないのです。途中で意味が分からなくなると考え込んでしまいます。そうすると、会話が途切れるのです。理解力の問題でしょうか。

何人もの人から同時に話しかけられた、と思ったのですが、どうやら私は、彼らの集合意識から話しかけられていたようです。そんな気がしました。

短時間でしたが、重要なメッセージを受け取ったような気がしました。あとで、じっくり解釈したいと思います。しかし、先ほどのセッションと同じことを言っていることはわかりました。「代表」のことを言っているのです。

四日目あたりから、「楼蘭《ろうらん》」という言葉がときどき出てきていました。シルクロードの古代都市です。砂漠やオアシス、緑の山、岩山、雪山などのヴィジョンが見えていました。

実は昔から、敦煌《とんこう》、楼蘭《ろうらん》、天山《てんざん》といった地名には魅かれるものがありました。ヘミシンクの最中に、何度かそのあたりの風景を見ながら過去世らしきものを体験したことがありました。

そして五日目、フォーカス42での二回目の「ポータルルーム」で、ひさびさに救出活動を行ないました。

急峻な山道を登っていました。左側に山があり、右側は断崖絶壁。遠くのほうに雪山が見えます。高い山です。あの山を越えていかなければなりません。

この場面は、何度か見たことがあります。夢の中だったか、ヘミシンクの体験だったか、あるいはその両方だったか……。私は先頭を歩いていました。ときどき後ろを振り返って、隊列に目を配っています。

途中から吹雪いてきました。前が見えなくなりました。危ない！

——クリックアウトしてしまいました。

ふと目が覚めると、緑の高い山を下りていくところでした。どうやら無事に山越えできたようです。山を下りるにしたがって、しだいに暖かくなってきました。湿度も高くなってきます。植物相ががらりと変わってきました。河に出ました。下流に向かって歩いていきました。暑いです。

——ここでまた、クリックアウト。

次に目が覚めると、坊主頭の男が一人、黙々と経机に向かっている姿がありました。一心不乱です。この男は私だ、とわかりました。

「まだ帰れない。まだ帰れない……」と言っているような感じがしました。どうやら仲間は先に帰り、彼は一人この地に残って写経（あるいは訳経）を続けるつもりのようです。周囲には経典が山積みされています。いつ終わるともしれない、大変な作業です。

「皆を代表して天竺へ来たからには……」というような思いが伝わってきました。責任感の強い人だったのでしょう。

仲間たちが旅立つのを見送る場面が見えてきました。彼の記憶が私に伝わってきたのではないかと思います。結局、彼はこの地で人生を終えたようです。

救出しなければならない、と思いました。

「もう写さなくてもいいのですよ。この経典を持って、国に帰ってもいいという許可が下りましたから。さあ、あの緑の山を越えて、帰りましょう。経典もいっしょです」

私は彼の手を取りました。彼は抵抗しませんでした。連れて行きました。経典とともに。

経典はぞろぞろと彼の後に続いてついてきました。

この過去世も、私が「代表は嫌だ」と思っている原因の一つだったのでしょうか。たぶん、そうだったのではないかと思います。

五日目の最後のセッション。総まとめの長いセッションでした。

今回も、親族一同、友人・知人一同を引き連れて行きます。しかし、無理やり連れて行くのではなく、「来たい人がいたら、どうぞごいっしょに」というスタンスで臨みました。

すると――何のことはない。結局、全員がついてきました。

フォーカス34／35のヴォイジャー8号（メンタルツールの宇宙船）の中は、私の連れてきた人たちでごった返していました。

何人かの人が、小さな〝旗〟を持っています。アクアヴィジョンという旗を持っているのは坂本さんです。Mさんはヨガ教室の旗を持っています。母も旗を持っています。私も持っています。妻も持っています。それぞれ、何本かの旗を持っています。

〝旗〟が何を意味しているのか――わかりました。旗は一つのシンボル。〝代表〟であることの象徴です。

旗を持っている人が代表者。みんな、それぞれ何かの代表者です。そのときどきで、旗を上げたり下げたりしています。

「誰のために、何をするのか」――皆それぞれが、自分の役割を果たしているのです。どの旗をいつあげるのか――それを決めるのは自分自身です。

「支配者はいない。リーダーもいない。皆それぞれが、何かの代表をしているという、役割があるだけ」

二度目のスターラインズⅡでは、最初から最後まで、一貫して一つのメッセージを受け取っていました。

それは――**「あなたも私も代表者」**。

私たちは、ときには代表者として、ときにはメンバーの一人として、そのときどきの役割を「演じて」います。そうです――「演じて」いるのです。

たとえ、嫌だ、面倒、避けたい、降りたいと思っても、もうすでに私たちは「舞台」に立っているのです。演じざるを得ません。とするならば、開き直って演じるしかありません。

しかも、「現実は自分が創造」したもの――つまり、この「舞台」自体、自分で創ったものなのです。だったらなおさら、やるしかありません。演じ切りましょう。

そして、自分を表現し尽くしましょう。ためらわず。

二度目のスターラインズⅡは、大きな勇気をもらった一週間でした。

3つのフォーカス15コース

2010年から2011年は、トレーナーとしての活動の、一つの節目になったと思います。

この時期の私は、2004年にヘミシンクに取り組み始めて以降、学んだことやつかんだコツを、ガイドブックのような〝マニュアル〟として整理することと、それをセミナー・プログラムとして再構成し、提供することに傾注していました。

まず、第2章でお話しした『ヘミシンク完全ガイドブック』の6巻目を、2010年10月に刊行しました。完結です。充実感でいっぱいでした。

それと並行して開発を進めていた「創造性開発コース（現：フォーカス15創造性・直感力コース）」の第一回目を、2010年6月に開催しました。また、同じく10月には、トレーナー仲間の藤由達藏さんと共同で「フォーカス15願望実現コース」をお披露目しました。さらに、2011年4月には、大野光弘さんと共同で開発した「フォーカス15超時空コース」がスタートしました。

フォーカス15という、「時間の束縛から自由」になった意識状態では、過去世を追体験したり未来の可能性を探索したりすることができます。また「強力な創造と具現化」の状態であり、願望実現や創造的活動に適しています。さらに「トータルセルフ」につながりやすい状態であり、瞑想や座禅を長年修行して到達できるような境地と同じであると言う人もいます。

さて、**「フォーカス15創造性・直感力コース」**は、私の念願のコースでした。なぜなら、長年私は企画関連の仕事をしているので、革新的なアイディアとか画期的なヒラメキといったことに関心があり、ヘミシンクを使って創造的な能力を高めることをやってみたかったからです。

それと、ヘミシンクについて学ぶうちに、創造性というのは「生命の本質」にかかわることではないか、と思うようになっていました。「現実を創造」しているのは私たち自身であるということ。そして、創造的活動は「生命表現」そのものではないか。「生きること」はすなわち「創造すること」であり、「創造的に生きること」はすなわち「自分らしく生きること」ではないかと。したがって、創造性について学ぶためのプログラムを開発することは、私たち皆が必要としていることではないか、と思うのです。

このコースのコンセプトは以下のようなものです。

創造性を発揮するとき、もっとも重要なのは「直感（インスピレーション）」です。直感は、飛躍的な発想や着想をもたらしてくれると同時に、進むべき方法性を示し、導いてくれる役割を果たします。

では、直感は〝**どこから**〟やってくるのでしょうか――それは、**トータルセルフ**という私たちの本質からやってきます。

では、直感は〝**どこに**〟やってくるのでしょうか――それは、私たちの**潜在意識**に届きます。

そこで、このコースでは、つながるためのエクササイズを行なうと同時に、潜在意識の浄化を行います。それによって、曇りのない純粋な直感が届くようになります。

もう一つ大切なことは、私たちの人生を手助けしてくれるガイドやハイヤーセルフの存在です。彼らは目に見えないところで、私たちの創造性を支援してくれています。人生は彼らとの共同作業——共同創造による作品です。このコースでは、ガイドやハイヤーセルフとの**共同創造のプロセス**について学びます。

以上のことを、フォーカス12とフォーカス15のヘミシンク周波数を使いながら行ないます。

「フォーカス15創造性・直感力コース」は2日間のコースです。現在、私以外に5人のトレーナーが開催資格を有しています。アクアヴィジョン主催で年に1〜2回、トレーナー主催で2〜3回開催しています。

「フォーカス15願望実現コース」は、一般的な自己啓発や能力開発系の「思考の現実化」方法とはまったく異なったアプローチをしています。というのは、私たちが考える願望や欲望、望みといったものを、いったん手放すことを行なうからです。

私たちの願望が、ガイドやハイヤーセルフが考えているものと一致していればいいのですが、ひょっとしたら違っているかもしれません。ガイドは別のことを考えているかもしれない。言い換えれば、本来の自分は、別のことをやろうとしているのかもしれない、ということです。

私たちは、もともとはガイドと一致した願望を計画していたにもかかわらず、世間の常識や見栄に振り回されたり、教育によって色づけされたり、他人からの期待やプレッシャーによって歪められたりしているかもしれないのです。

にもかかわらず、その願望を後生大事にそのまま握り続けて、無理やり実現しようといても、うまくいかない可能性が高い。あるいは、たとえ実現しても、満足感が得られないとか、誰かが不幸になるといったことが起きたりする。

そこで、このコースでは、まず「願望の本質」すなわち「私たちが本当に望んでいること」を、ガイドとともに探究する、ということを行ないます。次に、願望の実現を阻んでいる恐れや欠乏感、喪失感などの感情を。ポジティブなエネルギーに変換します。そして最後に、一般的な願望実現の方法と同じように、願望を達成している姿をありありと思い描く、ビジュアライゼーションを行ないます。そして、それをまた手放します。

手放し、解き放つことによって、新しいパターンを受け容れるための場所が作られます。

「フォーカス15願望実現コース」は1日コースで、2～3か月に一回のペースで開催されています。

「フォーカス15超時空コース」は、過去世探索、未来世探索。フォーカス15の状態で、さまざまなメンタルツール（想像上の道具）を使って、時空を超えて探索します。

モンロー研究所では、過去世という言葉はあまり使いません。というのは、トータルセルフはもともと時空を超えた存在であるため、「過去」だけではなく、現在も、未来も含めているからです。さらに、別の次元の自分や、人類ではない別の生命体も含めてトータルセルフと言っています。なので、モンロー研では「人格」「表現」「側面」あるいは「別の人生」「他の生」といった表現を使っています。

ただ、それだとわかりにくいので、このコースでも一般的な「過去世」という言葉を使っています。

このコースでは、単に過去世を探索するだけでなく、そこでの学びを得ることを試みます。「その人生で学んだことは何だったか」「そのときの体験で、今の自分によい影響をもたらしているものは何か」「その人生で体験した感情や信念で、今の自分を制限しているものはあるか」「どうしたらそれを解放することができるか」……。

過去世を思い出し、追体験することによって私たちは、さまざまな気づきや癒しを得ることができます。そして、自分は肉体を超えた永遠の存在であり、より大きな自分の一部であるという、自分とは何者なのかということについて、まったく新しい認識を得ることができます。

「フォーカス15超時空コース」は人気のコースとなり、ほぼ毎月のように開催されています。

どういう巡りあわせかわかりませんが、この時期の私は、ヘミシンク・エクササイズのマニュアル作りや、新しいセミナーのプログラム開発に傾注していました。誰かに命令されたわけではありません。「やりませんか?」という依頼と、「やります!」「やりたい!」という希望が一致した結果、こういう状況になっていました。

自分で言うのもおこがましい話なのですが、正直、自分の中に、このような才能（？）が隠されていたとは、思ってもみませんでした。私の稼業は広告や広報関連の仕事なので、企画をまとめたり報告書を書いたり、プレゼンテーションの書類を作ったりすることには慣れていますが、まったく畑違いのセミナー・プログラムの開発など、これまで経験したこともありませんでした。ただ、２００４年から２００５年にかけて、心理学の勉強をしたことが下地になっているとは思います。役になっています。自立訓練のナレーション原稿作りも実習でやったことがありました。

それにしても、プログラムの開発に携わるのは、たいへんな勉強になります。ありがたいことです。坂本さんや相方のトレーナーとのディスカッション、関連する書籍や資料の読み込みと分析、セッション用ＣＤの聴き込み、ナレーション原稿の作成……。そして——ガイドとの共同作業であることの実感。

「このコースのコンセプトはこれだ！」と閃く一瞬が必ずあります。「これでイケる！」と思える瞬間。——それは紛れもなく、ガイドとの共同作業です。

インスピレーションのあとは、それを形にしていく作業が始まります。これは地道な作業です。でも、この作業をないがしろにすると、具現化はしません。〝アイディア倒れ〟になってしまいます。

本を書くのも同じです。ガイドとの共同作業……というか、私の場合は、「内なる自分」と対話しながら書いている、という感覚になることがあります。ガイドであろうが内なる自分（インナー・セルフ）であろうが、ハイヤーセルフであろうが、呼び方はどうでもよくて、要するに自分の力だけでない、自分を超える存在との共同作業であるということだと思います。これが――**「共同創造のプロセス」**ではないかと思います。

3・11東日本大震災

２０１１年3月11日の午後。坂本さんと私は、翌日からのセミナーに備えて、小淵沢に向かっていました。翌日の３月12日から２泊３日、船井メディア主催のヘミシンク体験セミナーが開催される予定でした。

談合坂サービスエリアで遅めの昼食をとり、中央道を山梨方面に向かっていました。笹子トンネルを抜けてしばらく行くと、「地震のため、高速を降りて一般道を進んでください」という電光掲示がありました。あれ？　何だろう……と思っていると、旗を振って、下に降りろと指示している人がいる。スピードを緩めて窓を開け、何があったのか尋ねてみると、「大きな地震があったんですよ。危ないから降りてください」とのこと。勝沼ＩＣで降りて、国道20号線を進み始めました。

そうなんです。この時点で私たちは、震災のことをまったく知らなかったのです。談合坂ＳＡを出たのは2時半頃だったと思います。地震発生時の2時46分には、車の中でした。まったく気づかなかったのです。

ラジオのスイッチを入れました。「東北の太平洋沖で巨大地震発生。7メートルを超える津波が押し寄せ……」

「え？　7メートル？　そんなバカな。間違いじゃないの？」などと、不謹慎にものんきな会話をしていました。窓の外を見ると、電信柱が揺れています。車体も少し揺れているようです。余震だったと思うのですが、「今日は風が強いなあ。あんなに揺れてる」と思っていたのです。

夕方4時頃、セミナー会場である小淵沢のルラシュ癒しの杜に着いたとき、あたり一帯は停電していました。しかし、スタッフの方は「地震があったみたいですけど、明日からのセミナーは大丈夫ですよねえ」と、まだピンと来ていません。停電でテレビもラジオも使えなく、正確な情報を把握できていませんでした。私たちも「ええ、今のところ変更はないと思います」と。

この段階では、まだ電話が通じていました。船井メディアに連絡したところ、こちらもまだ状況がつかめていない状況で、対応策は練られていませんでした。アクアヴィジョンのセミナー事務局に電話しても同じようなものでした。

通常通り、私たちはセミナーの準備に入りました。2時間ほどでセッティングが終わり、ロウソクとランタンという灯りの中で夕食をとりました。そのとき坂本さんが「あ、そういえば、ぼくの車のカーナビは、テレビも観られるだっけ。まだ使ったことないけど」と。

さっそく、スイッチを入れました。すぐに映像が出てきました。――ショックでした。押し寄せる津波。すべてをなぎ倒し飲み込んでいく……。息をのみました。

とんでもないことです。とてもとてもセミナーどころではありません。このときにはもう携帯電話はいっさい使えなくなっていました。公衆電話のあるところまで車で移動し、船井メディアやアクアヴィジョン事務局に連絡し、セミナー中止の手配をしました。アクアヴィジョンの事務局スタッフは、結局事務所に寝泊まりしました。ビルのオーナーが炊き出しをしてくれたとのこと。

それにしても、映像の力はすごい。ラジオからの音声だけではピンときませんでした。映像を観て、初めて実感することができました。

カミさんにも連絡しました。家の中はグチャグチャだけど、ケガはなく無事だとのこと。ホッとしました。

電気がないと、照明だけでなく、暖房、お風呂、トイレも使えません。暖房は石油ファンヒーターなのですが、電気がないと使えないのです。その日は、寒い中、ルラシュに泊り、翌朝片づけをして、昼過ぎに小淵沢を出発しました。

車の運転は坂本さんです。私は新宿で降ろしてもらい、自宅に戻ったのは4時頃でした。しかし、坂本さんが千葉の家に着いたのは、夜の10時を回っていたとのこと。お疲れさまでした。

なお、中止になった船井メディア主催のヘミシンク体験セミナーは、4月に無事再開することができました。

正確な情報が手に入るようになってから、改めて被害の甚大さに驚きました。放射能の問題もありました。被災地の緊急時対応、復興支援へと移る中、世界中からたくさんの支援や、暖かい励ましのメッセージがたくさん届きました。映像の時代です。YouTubeにはさまざまな映像メッセージが出ていました。

震災から一カ月後の4月中旬、神楽坂ヘミシンク・センターで「フォーカス15創造性・直感力コース」が開催され、トレーナーは私と藤由達藏さんが担当しました。

セミナーを担当しているとき、私たちトレーナーは、ヘミシンクCDを聴くことはあっても、あまり集中していません。変性意識状態に深く入り込みすぎると、セミナー運営に支障をきたす恐れがあるからです。ボーッとしていて進行を間違ってはいけませんからね。

しかし、このとき、急きょ一本だけ集中して聴いてみたいと思いました。なぜか、震災関連で、今の自分にできることはないか、と思ったのです。意識というか、イメージの世界で、何か手助けできることはないか、と。「今でしょ！」という衝動でした。

私は、細いビルの谷間にいました。暗いです。じめじめしています。壁と壁の間は1mほどです。私は両手と両足を突っ張って、両方の壁の間にいます。下を見ても、暗くてどのくらいの高さかわかりません。上を見ると、明るいです。ビルとビルに挟まれて、青空が見えています。

私は、上に登ろうと思いました。両手、両足を交互に動かしながら、慎重に登っていきます。しばらくすると――頂上に出ました。青空が広がっています。まぶしいです。

愕然としました。乾いた土色の不毛の土地が広がっていました。ところどころに、瓦礫もあるようです。私は歩き始めました。向こうのほうには青い海が見えます。青い空と青い海――不毛の大地。対照的です。

突然、「〇〇〇〇」という岩手県の地名が聞こえてきたような気がしました。

私はしばらくの間、茫然としながら歩いていました。ここにやって来たけど、いったい何ができるんだろう……。私はしゃがみこんで、瓦礫を一つ二つと拾いはじめました。しかし、こんなことをやっていても、いつ終わるかわかりません。私一人では力不足です。

ふと、高さ2mくらいの瓦礫の山が、あちこちに点在していることに気づきました。よく見ると、地面近くに小さな出入り口があるようです。高さ50センチくらいの小さな穴です。そこから、いくつもの〝目〟が、私のほうを見ていました。じーっと。

他の瓦礫の山はどうだろうと思って見てみると、どの山にも出入り口があって、やはり同じように人の目が外を見ているようです。はっと気がつきました。この人たちは、犠牲者の方々ではないだろうか…。

救出活動が必要です。でもどうやって？

突然、「そうだ！」と思い出しました。ここにきているのは、きっと、私だけではないはずだ。日本中から、たくさんの人がやってきて、復興のための支援が始まっているはずだ！

そう思って、山のほうを振り返りました。すると――なんということでしょう。山のほうから、どんどん、どんどん、緑が広がってきたのです。不毛の大地が、どんどん緑の大地に変貌していきます……。緑は私のところまでやってきました。さらに、海のほうに向かって進んでいきます……。

私は何もしていません。勝手に、どんどん緑が回復していったのです。

場面が変わりました。突然、私は宇宙空間にいました。宇宙から、地球を見ています。日本列島が見えます。日本は、これから朝を迎えるようです。

そのとき、太陽が西から昇ってきました。――え？ 〝西〟から？
太陽は西から昇ってきて、東北地方を暖かい光で包みました。

体験は以上です。私は何もしていません。何もできませんでした。ただ、そこにいただけです。勝手に緑が回復していったように見えました。

よく考えてみると、東北地方には、当時（今も）日本中から、いや世界中から、たくさんの心温まる支援が届いていました。それを、私は緑の回復として把握したのではないかと思います。私にできることは、瓦礫を一枚二枚と集めることかもしれませんが、たくさんの人が集まれば、たくさんのことができます。

太陽が〝西〟から昇ってきたのは、西日本のほうからの支援が集まっている、ということの象徴ではなかったか、と思います。

私だけではなかったと思いますが、当時、被災地から遠く離れている人たちの中には、直接的な支援のできない自分に対して、罪悪感とまではいかないまでも、申し訳ないという気持ちがありました。何をしたらいいのか、何ができるのか……焦りや苛立ちがありました。そして、なんとなく「自粛ムード」になっていきました。

そんな時、ある方が元アスリートの「為末 大」さんの言葉を紹介されていました。

「罪悪感にかられて日々を疎かにしないでください。

不謹慎という言葉を恐れて人を笑顔にするのを忘れないでください。

どんな仕事であれいつもと同じ事を淡々と続ける事が、日本の力になります。」


そうなんです。いつもの通りでいいんです。

私たちは、身近なところから幸せを創っていくしかないんです。

そして、たくさんの人たちが小さな幸せを、たくさんたくさん作っていけば、やがては世界中が幸せになっていきます。

いつもと同じように、いえ、いつも以上に心をこめて、やるべきことをやっていこう、と思いました。

第4章

ほんとうの自分として生きていく　～ループからの離脱～

『あきらめない！　ヘミシンク』

『ヘミシンク完全ガイドブック』を書き終え、フォーカス15の3つのコース――「創造性・直感力コース」「願望実現コース」「超時空コース」の開発に携わったあと、2011年の春頃に、急に「本を書きたい！」という衝動がやってきました。「書かんといかん！」という強い衝動でした。自分の体験を元にした本、自分の気づきや学んだことを表現する本……。

私の場合、ガイドからのメッセージ、インスピレーションは、「衝動」という形でやってくることが多いです。このときもそうでした。インスピレーションの場合は、「欲望」からの衝動と違って、迷いがありません。しかも、「完成形」まですべて見えるような感じです。「できる。イケる」という感覚。これを、私は**「純粋な衝動」**と呼んでいます。

第1章にも書きましたが、トレーナーをやりだしてから、多くの方が、かつての私と同じような疑問や悩みをもっているということに気づきました。

私はひたすら自分のことだけを考えて努力し、創意工夫、試行錯誤を繰り返してきました。私がつかんだコツは、私にだけ通用するものだろうと思っていました。しかし、私が自分のコツをお話しして、それを実行した方から、「うまくいきました」という報告をいただくようになったのです。

ほんとうに、これは大きな発見でした。うれしかったです。そのような背景があったので、とにかく本を「書きたい」「読んでもらいたい」という衝動がやってきたんだと思います。「今でしょ！」という、このタイミングで。

数日考えた後、「目次」と「はじめに」を、ほぼ一日で書きあげました。夜に書き終えて、坂本さんにメールで送りました。坂本さんは翌朝読んで、直ぐにハート出版さんに転送しました。すると、なんとハート出版では、その日の午後の営業会議で即採用され、執筆が依頼されました。企画した翌日にＧＯサインをいただいたのです。驚きました。まさに、フロー状態——流れに乗っている感じでした。

本の内容は、自分が体験してきたこと、自分で気づいたこと、自分が得てきた知識や情報ですから、比較的楽に執筆できました。楽しく書かせてもらいました。

そして、９月に発行することができました。

『あきらめない！ ヘミシンク』
～コツさえつかめば、あなたも短期間でブレイクできる～

読んでいただいた方々から、さまざまな感想をいただきました。

「勇気をもらいました。あきらめないで続けます」

「押入れに眠っていたCDを発掘しました。再挑戦します」

「この本がなければ、とっくにヘミシンクをやめていました」

さらに、

「自分のイマジネーションに自信が持てました」

「勝手に想像することはよくないと思っていました。目からウロコでした」

セミナーに参加していただいた方々からも、

「あきらめなくてよかった。〝ブレイク〟できました」

「おかげさまで、コツがつかめました」

などのコメント、うれしかったです。

特に、セミナーの最中に目の前でブレイクする人を見たり、あとからお礼の連絡をいただいたりすると、ほんとうにトレーナー冥利に尽きます。

『あきらめない！ ヘミシンク』のあと、2012年7月には、『**これならわかる！ ヘミシンク入門の入門**』(ハート出版)を書きました。そこでは、一つの章を割いて「ヘミシンク・イマジネーション」の方法を具体的に詳述しました。「ヘミシンク最大のコツ——イメージのキャッチボール」「空想と想像の違い」「ヘミシンク・イマジネーションの7つの手順」などなど。

さらに、続けて書いた『**超時空体験マニュアル**』（ハート出版）では、過去世体験・未来世体験に絞って、その意義やコツ、ヒントなどを、たくさんの事例を載せながら、解説しました。セミナーで説明する内容よりも詳しいくらいです。２０１２年10月にハート出版から出ました。

この2冊を出したときも、

「具体的でわかりやすかった」

「手順通りにやったら、私にもできました」

「これからも、どんどんノウハウを公開してください」

などの感想をいただきました。ありがたいです。

『ヘミシンク完全ガイドブック』全6巻（ハート出版）の執筆以来、機会をいただくたびに、知りうる限りのノウハウやスキルをすべて公開してきました。これからも積極的に、可能な限りオープンにしていければと思っています。

しかし、一方では、

「本に書いてある通りにやっているんですが、うまくいきません」

「言われた通りやっているのに、手ごたえがありません」

「これでいいのか、正しいのか間違っているのか、自信がありません」

「楽しみましょう、と言われますが、何を楽しんだらいいんでしょうか」といった声もありました。セミナーでも、ミーティングの時間にそういった悩みを聞くことがたびたびありました。

同じノウハウを聞いて、同じように実行しているのに、なぜこのような違いが出てくるのか……。

中には、「こんなに頑張っているのに」と言っているにもかかわらず、よく聞いてみると「毎晩寝る前に聴いています」とか、「月に一回、セミナーに出たときだけ聴いています」などと言う人もいます。それではとても無理です。ヘミシンクに慣れるまで、そしてコツをつかむまでは、それなりの努力が必要です。朝1時間早く起きて聴くとか、毎日とまではいかないまでも、週に2～3回は、きちんとしたエクササイズを行なう必要があります。

きちんとしたエクササイズ、というのは、ただ漫然と聴くのではなく、意図を定め目的を持って取り組む、ということです。

ところが、「毎日聴いています」「想像を呼び水にしています」「自分から問いかけるようにしています」と努力しているにもかかわらず、ブレイクする人とダメな人に分かれてしまう……。同じように努力しているのに、なぜか……。

もちろん、私のつかんだコツがすべてではありませんし、向き不向きもあると思います。それにしても……。

最近、やっと、その理由がわかってきました。

うまくいくか、いかないか――うまくいかない一番の問題点は、「言われる通りにしかやっていない」からなのです。

「え？」って。「言われる通りにやるのは、間違っているんですか？」と突っ込まれそうですが、実は、「言われる通りにやる」のが間違っているのではなく、「言われる通りにしかやっていない」ことが問題なのです。

これから、二人の方のケースをご紹介したいと思います。

一人はAさん、30代の女性。もう一人はBさん、40代の男性。お二人ともヘミシンク・セミナーに参加された方です。

誰かのせいにしている限り……

Aさんは、もともとスピリチュアルなことに興味があり、さまざまな本を読んでいました。バシャール、プレアデスなどのチャネリング本や、聖なる予言、神との対話……。そしてロバート・

モンローの本に出会い、ヘミシンクを知ったとのこと。

ヘミシンクに出会って「これだ！」と思い、真剣に取り組もうと決心したとのこと。その後の経過をこと細かく説明してくれました。


英語が堪能だったので、直接アメリカからCDを取り寄せ、聴き始めたそうです。しかし、聴いても聴いても何の変化もない。ロバート・モンローが本に書いているような、光の存在に出会うとか、質問したら答えてくれるとか……さっぱり体験できない。体外離脱しようと思っても、体はピクリとも動かない。

そこで彼女は、思い切って直接モンロー研究所のプログラムに参加することにしました。ところが、他の参加者が、ガイドに会えました、過去世を体験しました、体外離脱しましたなど、どんどん体験を発表する中で、彼女は何も体験できない。結局、一週間の間、何ごともなく、ただ参加しただけだったと。

それでも、帰国後も聴き続けたそうです。他のヘミシンク経験者に話を聞いたり、体験談の本を読んだり。もちろん、坂本さんの本は（何冊か）読んだとのこと。

本に書かれていること、経験者から聞いたことは全部試したそうです。しかし、何をやってもダメ。

Aさんは、自分がどれだけ努力してきたか、えんえんと説明してくれました。しかし、彼女の話を聞くうちに、私はしだいに、何か違うぞ……という気がしてきました。彼女は、何か大きな勘違いをしているのではないか……と。

「いったい、なぜなんですか？　なんで、私は何も体験できないんですか？」

「こんなに一所懸命やっているのに。アメリカまで行ったのに」

「何も見えないし、何も聞こえてきません」

私が「自分から積極的にイメージする、想像を呼び水にする、ということを試してみましたか？」と聞くと、「もちろんそれはやっていますけど、自分が想像した以上のことは、何も起きないんです」と。

「全部自分が想像している、ということは、決してありませんよ。自分の想像だと思っていることの中に、向こうからのメッセージが混じっているものです。もう少し、自分の心の中の動きを〝観察する〟ということをやってみたらどうでしょうか？」

「わかりました。観察すればいいんですね。そうしたらうまくいくんですね？」

「いえいえ、観察して、何かに気づいたら、こんどはその変化に対応していくんです。イメージが変化しない人はいません。誰でも必ず起こります。それに気づいていくことが大切なんです」

「何も変化がないから困っているんです！　だから相談しているんです！」

「『ヘミシンク入門の入門』を読んでみませんか？　イマジネーションの使い方を、具体的に説明しています」

「この通りにやったら、うまくいきますか？」

「いえ、結果がどうなるかは、わかりません。人によって違います」

「じゃあ、何をやったらうまくいくんですか?!」


Aさんは、思い余って、ある有名な霊能者（？）のところに行ったことがあるそうです。そこで彼女はその霊能者の方に、自分はなぜヘミシンクの体験ができないのか、たずねたそうです。

「その人が、何て言ったと思います？」

「いえ、わかりません」

「あなたには、ヘミシンクは、向いていないのかもしれませんね、って言われたんです」

「あ、そうですか……」。

私は唖然として、しばらく言葉が出てきませんでした。

「で、あなたは、どうするおつもりですか？」

「だから――どうしたらいいか、わからないから、相談しているんです！」

Aさんに会ったのは一度だけです。その後のことはわかりません。アクアヴィジョンのセミナーにも、そのときだけの参加だったと思います。トレーナーとして、恥ずかしい限り。Aさんのことは今でも思い出します。うまく対応することが出来なかった自分に腹が立ちます。もっと精進しなければなりません。

すべては自分から始まる

Bさんは、ごく普通の真面目な、40代のサラリーマンです。ロバート・モンローや坂本さんの本を読んで、ヘミシンクを使った意識の探究に興味を持ち、CDを購入して自宅学習を始めました。同時に、ヘミシンクのセミナーにもかなりの頻度で参加され始めました。

Bさんの取り組みは半端ではありませんでした。ヘミシンクCDのエクササイズは、毎日。一年間で500回以上聴いたそうです。——これはすごい。新記録だと思います。さらにヘミシンク・セミナーには、モンロー研究所プログラムであるゲートウェイ・ヴォエッジを含めて、これも一年間に10回以上参加されました。日帰りのセミナーは、一通り参加して、さらに再受講でも何度か参加しています。

しかし——こんなに聴いても、まったく、何の体験もできなかったのです。

「まったく何も体験できません」「何も見えません。何も聞こえません。何も感じません」「真っ暗です」……。

アクアヴィジョンのトレーナーは全員、Bさんのことを知っていました。トレーナーの間で、彼は有名人になりました。「Bさん参加した？　今回はどうだった？　え？　ダメ？　う〜ん。そうかあ……」

私も何度か担当したことがあります。

「Bさん、今のエクササイズはいかがでしたか？」

「いいえ、別に。何もありません」

「起きていましたか？」

「あ、はい。目は覚めていました。でも何もありません」

「……」

毎月セミナーに参加していただいているので、私たちも何とかBさんに体験してもらいたいと思い、さまざまなアドバイスをしました。アファメーションをしっかりやっておきましょう。イマジネーションのトレーニングをしてみましょう。自問自答をやってみてください。などなど。それらのアドバイスに対して、Bさんは「わかりました。やってみます」と素直に応じてくれます。そして、素直に、ほんとうに素直に、正直に、アドバイス通りにやってみるのです。しかも、くり返しくり返し……何度でも。

私は次のようなアドバイスをしたことがありました。「例えばですが、ラーメン屋さんに入って、注文して、出て来て、食べて、食べ終わって汁まで飲んで、ぷはあ……美味かったなあ。ご馳走さま。お勘定……というところまでずっとイメージしてみてください。そして、ぷはあ、の後、ふと周りを観察してみてください。何か変化がないか、自分のイメージしたもの以外のことが起きていないかどうか……。ラーメンは例えばですよ。例えば。他のものでもいいんです」と。

そして後日再会したときに「最近どうですか?」とたずねてみると、なんとBさんは、「ラーメン屋さんでラーメンを食べるところを何度もイメージしたんですが、それっきり何も出てこないですねえ……」と。こちらは例えばで言ったのですが、彼はほんとうに〝ラーメン〟で試したのです。

素直なんです。ひた向きです。そして、私たちトレーナーのことを信頼してくれている。ますます責任を感じ、何とかならないか、何とかしたい、と思うようになりました。

Bさん曰く、「私には才能がないから、ひたすら〝量〟で勝負するしかないんです。とにかくたくさん、何度でもCDを聴きます」と。

そして、苦節一年――ついにその瞬間がやってきました。「〝量〟が〝質〟に転化」したのです。彼自身のレポートがあるので転載します。ご覧ください。レポートのタイトルは、『やっと、ガイドに会えました』。（読みやすいように一部を変更しています）。

フォーカス15願望実現セミナーで、今度こそガイドに会えるかと期待しましたがダメでした。

ただこの日のセミナーの中で「浄化」という言葉が、妙に引っ掛かりました。
翌日、ＰＣで何気なく「じょうか」を変換しましたら「浄化」次の候補が「城下」でした。そのとき、願望実現セミナーの最初のセッションで一瞬でしたが、城が見えたことを思い出しました。

その日のフォーカス15願望実現セミナーは、たまたま私が担当していました。確かにその日、ヘミシンクCDを聴いている最中に、エクササイズのストーリーとはまったく関係なく、Bさんの頭の中に突然「お城」のイメージが浮かんだらしいのです。ミーティングのときに彼が発言したのを、私もよく覚えています。「なんだか、お城が見えたような気がしたんです。こんなの初めてです。でも、それだけでした」
しかし、このとき、Bさんは何かピンと来ていたんですね。「浄化」と「城下」――ダジャレですが、これもシンクロニシティです。

「城下」と「浄化」――つながった。もしかしたら……。「浄化」に賭けてみようと思い、「リリースとリチャージ」のCDだけを聴き続けようと決意しました。

「リリースとリチャージ」は、ゲートウェイ・エクスペリエンスという、ヘミシンクのアルバム

CDの中の一つのトラックで、潜在意識の中の恐怖心と、その元になった記憶や感情を顕在化し、手放し、本来のエネルギーをとりもどしていくためのエクササイズです。

「浄化」と「城下」——そして「リリースとリチャージ」——この気づきが「量質転化」をもたらしたのです。ダジャレを単なる偶然と思わず、「つながった」と気づいたのです。このときBさんは、ガイドからのインスピレーションを受け取っていました。本人は、まだそのことに気づいていませんでしたが。

早速その日から、「リリースとリチャージ」を聴き始めました。三連休があったので特に集中し、3日間で40回聴きました。

浄化が進んだのか、始めてから25回目でやっとガイドの姿を見ることができました。カウントアップでフォーカス10へ移動している途中、カウント7のときに突然、手を振って現れました。「ずっと待ってました」という感じで、10まで待ちきれずに迎えに来てくれました。

その後も毎回のようにガイドに会えます。もう大丈夫だと確信し60回で終了。長い長いトンネルをやっと抜けたという思いです。嬉しいです。

執念です。3日間で40回。さらに20回で、計60回。同じエクササイズを聴き続ける……。頭が下がります。

そして翌月、Bさんはフォーカス27体験コースに参加されました。このコースでは、フォーカス23という領域に囚われている意識存在を救いだし、フォーカス27へと連れて行く——〝救出活動〟のエクササイズを行ないます。

このときのトレーナーの一人は、親友の函館の加藤善康さんでした。変貌ぶりに驚いたそうです。Bさんは自信に溢れていたそうです。

そして今回のF27体験。ガイドに会えた直後のセミナーでしたが、ガイドと一緒に救出活動をすることができました。その他いろいろな体験もすることができました。今までのセミナーとは異なり、充実感でいっぱいです。

何百回CDを聴いたか分かりませんが、あきらめなくて良かったです。

ようやく、一歩前進です。トレーナーの皆様、アシスタントの皆様、本当にありがとうございました。また、セミナーで一緒になった皆様、ありがとうございました。今後もセミナーには参加したいと思いますので、よろしくお願いします。

こちらこそ、ほんとうにありがとうございました。

感動を、ありがとうございました。

最後は自分でつかむ

Aさんと Bさんのケースをご紹介しました。

二人とも「言われた通りに」やっていました。しかし、Aさんは(おそらく)挫折。Bさんは成功。なぜこの違いが生まれたのか……。

Aさんは確かにいろいろ勉強し、知識は豊富にありました。単身で米国モンロー研を訪問するような行動力もあります。習ったことを実践しようとしていました。しかし、習ったこと以外のことにチャレンジしていませんでした。怖かったのかもしれません。

ヘミシンクに限らず、どんなにすばらしいノウハウやコツがあったとしても、万人に適用することはできません。百人百様、一人ひとりやり方は異なります。向き不向きもあります。ですから、どんなにすばらしいものでも、それは一つのサンプル、一つのヒントにすぎません。最後のところは自分でつかむしかないのです。

さらに、頭で理解しただけではダメです。体で覚えていかなければ何にもなりません。体が覚えるまでは、日々のエクササイズを繰り返すしかありません。

水泳の練習に例えてみましょう。泳げるようになるまでは、水を飲んだり溺れそうになったりしながら、ひたすら練習を繰り返します。水泳教室に通ったり、プールで一人練習したり……。そうしているうちに、ある日突然——あれっ？　という瞬間が訪れます。浮いている！　泳げる！と。

自転車の練習も同じです。転んで足をすりむいたり電信柱にぶつかりそうになったりしながら、練習を続けているうちに——あっ、乗ってる！　という瞬間がやってきます。

その瞬間——その、まさに奇跡の瞬間は、誰かから与えられるものではありません。自分がつかむものです。

英会話の教材はどうでしょうか？　「聞き流すだけで、いつの間にか英語がぺらぺらになる」などという宣伝文句に騙されて、いったいいくら英語教材にお金をつぎ込んできたことか……(これ、私の話です)。教材のせいにしている限り、上達しません。とほほ、です。

Bさんは、ひたすら習った通りに忠実に練習してきました。しかし、最後の瞬間は、自分で覚悟を決めて取り組み、ついにコツを掴みました。

先ほども出てきた「量質転化の法則」——量的な変化が大きくなると質そのものが変化する。ひたすら量をこなしていけば、いつか量が質に転化する。いわゆる「おお化け」するのです。〝頭でっかち〟になって考えるばかりではダメ。くり返し量をこなす。

もちろん、バカの一つおぼえみたいに何も考えないで繰り返していては、変化は訪れません。

変化の瞬間をもたらすためには、自分で考える必要があります。Bさんの例で言えば、「浄化」「城下」――「リリースとリチャージ」の気づきでした。この気づきが生まれたのは、愚直に量をこなしながらも何とか自分流を見つけようと、Bさんが考え続けていたからです。

「考える」というのは、「悩む」ことでもなければ「できない原因を探る」ことでもありません。「アンテナを張る」ということです。アンテナを張っていれば、ガイドからのメッセージやインスピレーションを受け取ることができます。つかみ取ることができます。

「浄化」と「城下」⇒「リリースとリチャージ」――こんなこと、どうやったって、誰にも教えることはできません。Bさんにしかわからないことです。アンテナを張っていたからこそ、この情報をつかむことができたのです。

誰のせいにもできない。最後は自分でつかむしかありません。

そして、自分でやるしかないと腹をくくったとき、決意したとき――ガイドからの応援やインスピレーションがやってきます。不思議です。でも、そういうものなのです。

「浄化」と「城下」――素直にこの意味ある偶然に気づくかどうか。ただの同音異義語、ダジャレだと思ってしまえば、それで終わりでした。意味があると気づき、それに賭けて行動に移したからこそ、Bさんの奇跡は起きたのです。

みんながみんな、Bさんのように何十回も聴かなければならないわけではありません。これは極端な例だとお考えください。しかし、彼のへミシンクに取り組む姿勢は見習いたいものです。

浄化で自由になる

Bさんがブレイクしたポイントは、もう一つあります。それは、「リリース&リチャージ」——潜在意識の「浄化」です。これを徹底したからこそ、彼はガイドとつながることができたのです。

リリースとは解放すること、手放すこと、自由にすること。クリーニングとかクリアとも言います。リチャージとは再充電。本来のエネルギー、本来の自分をとり戻していくことです。

ロバート・モンローは、晩年このエクササイズを毎日のように行なっていたそうです——という話を、私たちトレーナーは参加者の方によく話していました。しかし、このエクササイズの有効性と重要性を、ほんとうに理解してはいなかったと、反省しています。

「創造性・直感力コース」や「ガイドとの交信コース」、「フォーカス27体験コース」など多くのプログラムにも、これら浄化のエクササイズを取り入れています。しかし、それでも、まだまだ理屈優先で、ほんとうに理解していたとは言えませんでした。

Bさんの体験を目の当たりにして、改めて浄化のエクササイズは大切だということを再認識しました。

「リリース&リチャージ」は、恐れを解放することが目的でしたが、このほかにもヘミシンクのエクササイズの中には、解放や浄化に関連したものが多くあります。

「クリア&バランス（浄化と調和）」は、潜在意識に存在する古いパターンを解放します。「チャンネルの浄化」は、「創造性」の流れを妨げている障害物を突き止め、解放します。

「レゾナントチューニング」というエクササイズがあります。ヘミシンクを聴きながら呼吸と声を使ったワークです。それによって、エネルギー体が活性化し、ハートチャクラの詰りが取り除かれます。これも浄化です。

「直感の開発」は、文字通り直感力の開発です。言葉だけ聞くと集中力を高めるためのトレーニングのようなものをイメージしますが、そうではなくて、直感力を阻んでいる「固定観念」を見つけ、解放するのです。阻んでいるものを手放せば、自ずと直感は訪れてくる。

これらのエクササイズは、浄化する対象を特定していません。何を解放するかは、ガイドやハイヤーセルフにお任せするのです。では、私たちは何をするか——手放すことを決意し、エクササイズに集中するだけ。

一方、浄化の対象、あるいは浄化が必要になった原因を特定して解放するエクササイズもあります。

たとえば、「過去世」を追体験することで、私たちは癒され、呪縛から解き放たれ、学び、成長することができます。これも一つの浄化のプロセスであると言えます。

フォーカス23に囚われている存在を救出してフォーカス27まで連れて行く「救出活動」も、解放のプロセスであり、浄化の一つではないでしょうか。

「クリア&バランス（浄化と調和）」のエクササイズでは、次のようなナレーションから始まります。

潜在意識の奥底には、懸念や、心配、恐怖、非建設的な信念が横たわっているものです。このエクササイズでは、あなたの役に立たなくなった、あらゆるパターンを取り除き、解き放つためのプロセスをご紹介します。

シンプルですが、効果的なメソッドで、頻繁に行なえば、あなたの存在全体を浄化し、調和させ、活性化できるでしょう。潜在意識をきれいにすればするほど、より自由になり、より活力に満たされます。

潜在意識を浄化することで、私たちは自由になることができるのです。

イハレアカラ・ヒューレン博士

2008年春に、ホ・オポノポノのことを知りました。第1章にも書きましたが、知った瞬間――これは本物だ！と直感しました。シンプルさが気に入りました。大らかさが魅力でした。以来、ホ・オポノポノ関連の本が出れば読んでいました。細々とですが、「クリーニング」も実践していました。ヘミシンクで変性意識状態になってからクリーニングを行うというようなことも試みていました。

しかし、なかなか継続できませんでした。日々の日課にはならず、何か困ったことやトラブルが起きたときに、思い出したようにやっていました。まさに、〝困ったときの神頼み〟。「ごめんなさい、許してください、愛しています、ありがとう」。

なぜ継続できなかったのか。そのときの私は、ホ・オポノポノのことを、表面的にしか理解していなかったからです。勘違いしていた部分もあります。

イハレアカラ・ヒューレン博士は、何度も来日し、セミナーや講演会を開催していました。セミナーに参加したいと思っていましたが、なかなかスケジュールが合わず、参加できませんでした。

ヘミシンクのセミナーに、よく参加してくださるヤスコさんという方がいて、この人が、顔を合わすたびに「ひでさん、次のホ・オポノポノのセミナーは○月○日ですよ〜」と教えてくれていました。いま思うと、感謝です。私のガイドでした。

そして、２０１１年10月、念願かなってやっと参加することができました。ヒューレン博士の「ベーシック１クラス」でした。

感動しました。セミナーの内容もさることながら、ヒューレン博士の存在そのもの、立ち居振る舞い、話し方、雰囲気、セミナーの進め方など、博士を取り巻くすべてのことに感動しました。

腕を組んで、そのあたりを歩いているおじさんがいる。アロハシャツを着て、野球帽をかぶっている。活けてある花を触ってみたり、テーブルに触れてみたり、壁に向かって何かブツブツ言っているように見えたり……。

そのうち、急に話が始まります。まるで独り言のように。呟くように語りはじめます。

「今日、私が皆さんにお話ししたいこと。それは、人生の目的についてです。人生の、真の目的……」

え？　もう始まったの？　いきなりのスタートです。司会の挨拶とか自己紹介とか何もない。通訳の方は、歩き回るヒューレン博士の後を追いながら、次々と訳していきます。

あまりにも自然体なのです。まったく気負いというものが感じられない。大きな声を出すわけでもない。何のパフォーマンスもない。穏やかに、ただ淡々と話し、質問に答えていく。時にユーモアを交えながら……。

あまりにも普通です。普通すぎる。

しかし、それなのに――ものすごい存在感があります。なぜなのか……。

すべてを流れに任せているようでした。自分では何も未来を計画しない。流れに任せる。ただそのときのインスピレーションに従っているだけ……。セミナー自体も、その方式で進めているのです。とても真似ができない。

常にクリーニング（浄化）。クリーニングし続けている存在。存在そのものがクリーニング。やられました。参りました。降参です。すごいです。

セミナーに出てよかったです。いままで勘違いしていたことや、誤解していたこと、疑問に思っていたことなどが、ほとんど解決しました。

●クリーニングする対象は、外にあるのではない。自分の中にある。自分の中にある記憶。

●クリーニング・ツールである4つの言葉は、誰に向かって唱えるのか。相手に対してではない、自分に対して唱える。自分の潜在意識（ウニヒピリ）に対して、クリーニングする機会をみせてくれて「ありがとう」。いままで気づかなくて「ごめんなさい」「許してください」。私は、あなた（ウニヒピリ）とこの記憶を「愛しています」。

●この現実はすべて自分が作りだしたものだから、100％自分に責任がある。何が起ころうと、原因はすべて自分の中にある。自分の中にある記憶が再生したもの——それが、この現実。

●この世には、二つのことしか存在しない。一つは「記憶の再生」。もう一つは「インスピレーション」。

●「記憶」をクリーニングすれば、ゼロになり、「インスピレーション」がやってくる。

●常にインスピレーションとともに生きることが、人生の真の目的。

●クリーニングをスタートさせるのは、顕在意識（ウハネ）。その意思を超意識（マウアクア）に届けてくれるのは、潜在意識（ウニヒピリ）。インスピレーションを最初に受け取るのは潜在意識（ウニヒピリ）。

●問題の原因を探る必要はない。私たちには、原因はわからない。わかったつもりになっていても、それ自体が記憶の再生。

●記憶を消去できるのは、無限／神聖なる知性（ディビニティ）だけ。

●潜在意識（ウニヒピリ）とのより良い関係を築いていくことが最も大切なこと。

●クリーニングしてもいいですか？　と必ず許可を求める。勝手にやらない。許可を求める。そして、いっしょにクリーニングしませんか？　と誘う。

●4つの言葉は、代表的なクリーニング・ツール。ツールは他にもある。自分なりのツールを使えばいい。それはインスピレーションによってもたらされる。
●結果は期待しない。期待も記憶の一部。期待する気持ちもクリーニングする。期待通りになるとは限らない。しかし、最適なものになる。
●潜在意識（ウニヒピリ）が慣れてくれれば、勝手にクリーニングをしてくれるようになる。
●常にクリーニング。何があってもまずクリーニング。忘れていたら、気づいたときにクリーニング。
●………。

目からうろこがボロボロ落ちました。

へミシンクを通して体験したり気づいたりしてきたことが、いま、ここにある、と確信しました。

私が目指したい生き方はこれだろう――そう思いました。

少し先のことになりますが、２０１２年３月末に、モミラニ・ラムストラム博士の「ビジネスクラス」を受講しました。ホ・オポノポノのビジネス版です。モミラニ・ラムストラム博士は、サンディエゴ・メサ・カレッジで教鞭をとっているとのことで、講義風のたいへんわかりやすい説明で、さらに理解が深まりました。

私たちはこれまで、ビジネスと言えば——会社を経営し、事業を展開し、顧客から支持され、利益を上げていくことを至上命題にしてきました。そためには、市場を予測し、経営計画を作り、マーケティングを展開し、販売し、アフターフォローをし、リピート客を増やしていく……といった活動を行なってきました。

しかし、ホ・オポノポノ流は違います。まったく逆のことをします。クリーニングすることなく事業計画を作ることは、単なる記憶の再生である。やることはただ一つ、クリーニングのみ。ビジネスを取り巻く関係者から、会社そのもの、商品、土地、従業員、関係会社などなど……すべての要素を書き出し、一つひとつクリーニングしていくのです。

しかも、それぞれの対象そのものをクリーニングするのではありません。あくまでも、自分の中にある記憶をクリーニングする。たとえば、対象が会社だとしたら——「あなた（会社）をクリーニングしていいですか？　この会社がインスピレーションを受けて、本来の姿で存在し、活動できるように。もしそれを阻むものが私の中にあるならば、それが何かはわかないけれども、私はそれを手放し、クリーニングします」——というようなクリーニング。

これまた目からウロコでした。

●自分を取り巻くすべてのものにアイデンティティが存在する。

●だからすべてを尊重する。会社も商品も人も、小さな備品ひとつまで。
●常にクリーニングし続けること。常にリリースし続けること。

おかげさまで、私自身、稼業の広告・広報関連の仕事は、２０１２年後半から好転し始めました。売上的には今のところあまり変わりませんが、人間関係が格段に良くなってきました。気持ちよく仕事ができています。これは、ほんとうに目に見えた変化でした。

とても面白い質疑応答がありました。

「ホ・オポノポノの必要な人が、たくさんいます。わたしはそういう人に対して、どんどんホ・オポノポノを紹介していきたいのです」

という人に対して、ラムストラム博士は、明確に、

「それはやめてください」と。

「必要か必要でないかを決めるのは、あなたではなく、その人自身だからです。ホ・オポノポノが必要な人がいる、と、あなたが思っている、その思い自体を、まずはクリーニングしましょう」

質問者はポカンとしていました。「あ、はい。わかりました……」

そういえば、ヒューレン博士のベーシック１クラスのときにも、同じような質疑応答がありました。

「ヒューレン博士の講演会ＤＶＤはとてもすばらしいので、私はたくさん買って、いろんな人に無料で差し上げているんです」

と、誇らしげに（?）いう人に対してヒューレン博士は、

「ありがとうございます。でも、それはやめてください」と。

「ＤＶＤの必要な人がいる、と思う、あなたのその気持ちを、まずはクリーニングしてください」

このときも質問者はポカンとしていました。おそらく、褒められるのではないか、と思っていたのではないでしょうか。

「あの人にはホ・オポノポノが必要だ」とか、「この人にはＤＶＤをみせなければならない」と思っているのは自分です。自分がそう思っているだけで、相手も同じように思っているかどうかはわかりません。こちらの勝手です。相手にとって必要なものだと思っているのは自分であって、ほんとうに相手に必要なものかどうかはわかりません。

そして、相手は困っているはずだから手助けしなければならない、と思うのも傲慢で、大きなお世話です。自分のほうが優位に立っているという、上から目線ではないでしょうか。なので、そのような気持ちを、まずはクリーニングする必要があると。

――胸がすくような質疑応答でした。

目標が明確になってきた、と思いました。

常にゼロの状態であろうとすること。

常にインスピレーションを得ている状態でいようとすること。


ヒューレン博士のワークショップに参加した後、私は手元にあるホ・オポノポノの本をすべて読み直しました。すると、今まで見落としていたところや読み飛ばしていたところ、誤解していたところなどが、どんどん発見されてきました。

結局、私たちは、理解できるところしか見ていない。理解したいと思っているところしか見ていないんですね。そのことが、よくわかりました。

「スターラインズ」にて

私たちアクアヴィジョンのトレーナーは交代で2名ずつ、国内で開催されるアクアヴィジョン主催のモンロー研プログラムの、アシスタントを務めています。

２０１１年11月に小淵沢で開催された「スターラインズ」では、トレーナー仲間の加藤善康さんと二人で、坂本さんのアシスタントを担当しました。モンロー研からはお馴染みのフランシーン・キング。このプログラムの開発者です。

第1章でレポートしたように、「スターラインズ」には2008年、ヴァージニアのモンロー研で参加しました。このときは、宇宙の生命エネルギーを体感するとともに、「ソンブレロ銀河」への旅を経験しました。とても充実したプログラムでした。

今回はアシスタントです。参加者の人たちが快適に、そして満足のいく体験ができるように環境を整えること。そのようなお手伝いをさせていただきました。このときは、セッション用のCDを流したり、ミキシングしたり、マイクでアナウンスをするなど、コントロールルームの作業を担当しました。

1か月前にヒューレン博士のベーシック1クラスを受けた後、ホ・オポノポノの本を読み返していましたが、小淵沢にも数冊持ち込んで、時間が

あれば読んでいました。そして、ヘミシンクとホ・オポノポノの関係を模索しはじめていました。

私はいままで、ヘミシンクやヨガ、ホ・オポノポノなど、「これは自分に合っている」と思えるものを学んできました。これからも学び続けるつもりです。しかし、最終的には、自分に最も適した方法を確立したいと思っています。

ご存知の方も多いかと思いますが、**「守破離（しゅはり）」**という言葉があります。これは、世阿弥の『風姿花伝』にある言葉で、指導者から何かを学び始めてから、ひとり立ちしていくまでに人は、「守・破・離」という順に段階を進んでいく――という考え方です。

「守」――最初の段階は、指導者の教えを忠実に守っていく。指導者の言動をできるだけ見習って真似て、価値観や方法論を身体化し自分のものにしていく。すべてを習得できたと実感したり、指導者が「自分で考えろ」と助言することが多くなったら、次の段階にすすむ。

「破」――次の段階では、指導者の教えを破ってみる。自分独自に工夫して、指導者の教えになかった方法を試してみる。うまくいけば、自分なりの発展を試みていきます。

「離」――最後の段階では、自分自身で学んだ内容を発展させる。どの道にも必ず〝型〟があり、繰り返し学ぶ必要がある。型は受け継がれるが、実は少しずつ工夫が加わって次第に良いものが残されていく。型は常に変化している。変化し超えて、独自性（オリジナリティ）が創り出されていく。

〝型〟は武道にもあります。将棋や囲碁で言えば〝定石〟でしょうか。ヘミシンクも同様に、〝型〟

や〝定石〟から入って、次に自分で創意工夫し、最後は自分の〝型〟を作っていく。人はそれぞれ向き不向きもあれば、バックグラウンドの違いもあります。学んできたことの違いもあります。今生のテーマも違うでしょう。おのずから、成長のための方法論も違ってくるはずです。最終的には、自分なりの方法を編み出して、目的を達成していかなければならないのではないかと、思います。

ところで、実は今回のセミナーには、私が「苦手だなあ」と思っている方が何名か参加されていました。すみません。トレーナーのくせに……。

正直に言います。上から目線で偉そうな感じのする人とか、大きなお世話をしてあげる人とか、どこにその根拠があるの？　と思うような自信過剰な人とか、そういう人がいると、いるだけで、頭に来る、腹が立つ……という感情。昔から、ホントに、なかなか成長していません。

前著『あきらめない！　へミシンク』の239頁〜245頁に、「封じられた〝シャドウ〟の統合」ということを書きました。このときのセミナー参加者の中にも、苦手な人がいました。この人は、私の心の中の投影でした。このときは黒いナマコのようなものを救出することで、シャドウ（影）を統合できたようでした。他にも、落ち武者だの反逆者だのを救出したこともあります。

しかし……まだまだでした。いくらでも出てきます。

この現実は自分で創っている。相手を変えようと思ってもダメ。自分の心の中にある原因、記憶を手放さなければ、何も変えることはできない。――理屈では分かっています。**「感情の無限ループ」**に陥っていることもわかっています。でも……どうすることもできない――感情。もちろん表には出しません。（顔に出ていないかどうか……自信はありませんが）。

リリース&リチャージ、救出活動、ホ・オポノポノ……。ヘミシンクを聴きながら、いろいろ試しました。しかし、どれもイマイチ、うまくいったという実感がない…。相変わらず、腹を立てている自分がいる、怒っている自分がいる……。でもやり続けるしかない。クリーニングとリリースを、やり続けるしかない。

「気になる」と思えば思うほど、私のエネルギーは注ぎ込まれ、強固になっていきます。「気にしない」「無視しよう」と思えば思うほど、さらにエネルギーはそこに集まります。まさに引き寄せの法則。

現実は〝ほんとうの自分〟が創っている

スターラインズ、3日目の朝、フランシーンのレクチャーの中で、「なるほど」と思った言葉がありました。

「自分の側面のすべてを統合していけば、消えていく。加害者の自分も、被害者の自分も。怖がっている自分も、怖がらせている自分も。〝統合＝消去〟。」

「統合するために何をするか――ただ、感謝し、愛し続けるだけ。愛し続け、許し続ける。」

「愛する」「許す」という言葉に対しては、正直言うと、まだピンと来ていない部分があります。馴染みがないのです。それでも今では唱えています。けれども、正直、いまだにピンと来ていない。

「感謝」は素直にできます。自分の側面すべてに対して感謝する。体験させてくれてありがとう、と。そして、もうこの体験は十分に味わったから、手放します。ありがとう。


その日の午後のセッションで、私は不思議な体験をしました。

CDをセットし、アナウンスをしてスタートしました。しばらくして、問題なく進んでいることを確認したあと、コントロールの席を離れ、ヘッドフォンをしたままベッドに横になりました。やれやれ。

コントロールルームを担当していると、なかなかヘミシンクには集中できません。途中で何かトラブルが発生するかもしれませんし、呼び出しの電話がかかってくるかもしれません。CDが終わっているのに寝ていたりしたら、えらいことです。カッコ悪いし。

しかし、このとき、寝たらだめだよと思いながら、やれやれとベッドに横になってしまいました。ちょっと休むだけ……と。

フォーカス27を通過しようとしているとき、突然――ハワイ、オアフ島の「ヌアヌ・パリ展望台」に立っていました。ここは、有名な観光地で、崖の高さは約900メートル。オアフ島東海岸の街並みと、それに続く太平洋が一望できるビューポイントです。私の大好きな景色の一つです。

私はヌアヌ・パリの絶景を眺めていました。すると、後ろに誰かの気配がしました。振り返ってみると――アロハシャツに野球帽のおじさん――ヒューレン博士のような人がいました。

あれ？　緊張しました。おじさんは、私の

存在には気づいていないようです。しばらくして、私は握手をしたいと思い、近づいて行こうとしました。すると博士（と思しき人）は、くるりとこちらに背を向けて、去っていきます。私がさらに追いかけようとすると、フッと消えてしまいました。あ〜ん。残念。

このあと、私はリラックスし、しばし休むことにしました。セッションはこれからフォーカス34／35に行こうとしているようです。………。

………。

ハッと目が覚めました。――ヤバイ！　ヘッドフォンから流れてくる音に耳を傾けました。え？　音がしない。終わった？　すぐにベッドから起き上がり、コントロールの席に行き、ＣＤプレイヤーの時間表示を見ました。大丈夫です。まだ時間は残っています。ＣＤは動いています。――ＯＫ。

やれやれ。ふう。ため息をつきました。もうベッドには戻らないようにしよう……と思って、ベッドのほうを見ました――ゾッとしました。悪寒が走りました。鳥肌が立ちました。ベッドの上には――「私が」いたのです。ヘッドフォンをして寝ています。え〜〜っ。

ハッと目が覚めました。――ヤバイ！　え？　何が？　どうなった？　私はベッドの上に起き上がっていました。え？　さっきのは夢？　コントロールの席を見ました。誰もいません。部屋の中を見回しました。私一人です。

何だったんだろう……。ＣＤプレイヤーの時間表示を見ました。大丈夫です。まだ時間は残っています。ＣＤは動いています。——ＯＫ。

あれ？　さっきも同じことをしていたぞ。さっきの残り時間は……思い出せません。ちゃんと見たはずなのに……。はやり夢だったのか…。

明晰夢ではないだろうし、体外離脱でもないし……、やはり夢だったのか……。

ヘッドフォンから流れてくる音に注意を向けました。セッションは、フォーカス42からフォーカス34／35に戻ってきたところでした。

そのとき、ふと、以前の体験を思い出しました。トータルセルフにアクセスしたときの体験です。『ヘミシンク完全ガイドブック』のＷａｖｅ Ｖでレポートしてありますので、転載します。

フォーカス15からトータルセルフにアクセスしたとき、突然見えてきた映像がありました。「ハンガーにたくさんの服が掛けてある」という風景です。紳士服のお店のような感じかもしれません。真っ暗でした。

誰かが服を物色している様子です。ハンガーごと取り上げて、鏡に映る姿を見ながら選んでいます。――そして、「次の人生ではどの服を着ようか」と考えているのです。

これは、象徴的な映像だったと思います。何を経験するのかを、自分で選んでいる。〝着せ替え人形〟のように。自分で自分のキャラクター（服）を選んでいるのです。


この体験を思い出したとき――重要なことに気づきました。

「自分が現実を創っている」のではない。

「ほんとうの自分が現実を創っている」のです。

ほんとうの自分とは、トータルセルフのことです。I／There（アイ・ゼア）。

そうです！　トータルセルフ・レベルの自分が！　この現実を創っている！

謎が解けたような気がしました。


いまの自分、顕在意識レベルの自分が、「思いが現実を創っているんだから、思いを変えたら現実は変わる」と思っても、なかなか現実は変わらない。「ザ・シークレット」や「引き寄せの法則」、「ビジュアライゼーション」などを行なってもうまくいかないことが多いのは、このためではないでしょうか。

今の人生を設計したのは、トータルセルフ・レベルの自分です。したがって、もし思い通りに現実をコントロールしようと思ったら、トータルセルフ・レベルでパターンを書き換えなければなりません。

そうなんです！　そうなんです！　納得です。わかりました。

「C1、C1、セッションは終わりました。手足を伸ばして、深呼吸をして、意識を肉体に戻しましょう」

宿泊棟を出て、ミーティングルームに向かう途中、参加者の人たちと一緒になります。「どうでしたか?」と声を掛けます。「よかったですよ」とか「すごかったです」とか、あるいは「途中で寝てしまいました」などなど。

あれ？　――不思議な感じがしました。

平和――です。私の心は――穏やかです。怒りの感情が、どこかに行っていました。

苦手な人？　――そうでしたね。いましたね。

何が起きたのかわかりませんが、私は平静に戻っていました。不思議です。

理由はわかりません。

いま現在も、相変わらず、私は短気です。成長や進化というのは、劇的なものではなく、行きつ戻りつ、少しずつ少しずつ、薄皮を剥がすように、進んでいくものだと思います。

ループからの離脱法

仮説ですが、これまでの体験と学びから、私はいま、次のように考えています。

相手に対して腹を立てているとき、それは自分に対して怒っているのと同じことではないか。
相手を嫌っているとき、それは自分を嫌っているのと同じことではないか。
結局――自分を傷つけているのと同じことです。
「くそったれ」「バカ野郎」「頭にきた」「腹立つなあ」「許せん」「謝れ」……。
まさに――天に向かって唾を吐く――です。

不快な思いをしているとき、不愉快な気持ちになっているとき、不満を抱いているとき、問題だ！と思っているとき、怒りの感情が出てきたとき――、その原因は外にあるのではありません。すべて自分の中にあります。

なぜなら、現実は自分で創っているわけですから。

しかも、今の自分ではなく、「ほんとうの自分が創っている現実」です。もちろん、今の自分も合意の上です。なぜなら、同じトータルセルフの一員ですから。

では、なぜ、「ほんとうの自分」は、不快な感情を抱くような、一見ネガティブと思える現実を創っているのでしょうか。なぜ、不快だと思えるような対象を、そこに配置したのか。なぜ、出会いがあったのか。――何か、意味があるはずです。

どんな意味が？　――わかりません。考えてもドツボにはまるだけです。

しかし、何とかしなければならない。何とかしなければ、同じことの繰り返しです。解決するまで繰り返されます。「無限ループ」です。

「なぜ？　どうして？」「なんで、私だけが？」「どうして、いつもこうなの？」

原因を探ろうとしても、原因を探って解決しようとしても、原因の周りをぐるぐる回っているだけで、確信には辿りつけない……。そんな状態に陥ることがよくあります。「堂々巡りのループ」にはまりこんでいるのです。離脱できない。

たとえ原因がわかったとしても、それだけでは解決にはなりません。だからどうするの？ということ。

「どうしよう」「どうしたらいい？」「ああかな、こうかな」「他の人はどうしている？」

また堂々巡りのループに逆戻りです。

原因を探ろうとすればするほど、解決策を考えようとすればするほど――近づいているようで実は遠ざかっている――そんな状態に陥ってしまうようです。

「エネルギーは思いに従う」です。引き寄せの法則。考えれば考えるほど、どんどん原因にエネルギーが注ぎ込まれることになります。そして、ますます実体化していきます。

したがって――

「原因を自分で探らない」

不快・不愉快などのネガティブな感情が出てきたら、手放す。

これは問題だ、何か変だ、といった信号が出てきたら、手放す。

「解決は向こうに任せる」

こちらの役割は、手放すことを決意すること。

決意することが、私たちの一番重要な役割。

〝向こう〟とは、ガイドやハイヤーセルフを含む、トータルセルフ。

手順は――

①観察し、気づき、②受け容れ、③感謝し、④味わい、⑤手放し、⑥耳を傾け、⑦行動する。

①まず、心の内外の動きを客観的に**観察**し、ネガティブな感情や問題が起きたことに**気づく**こと。気づかなければ、何も始まりません。

②次は、それを**受け容れ**る。

トータルセルフが、いまのこの現実を創っているのは、何か意味があるからです。しかも、それは、私自身も同意している現実、です。

なぜこの現実を創っているのか――理由はただ一つ。それが私たちのためだから。私たちの成長につながるから。それ以外の理由は考えられません。

とするならば、この現実を受け容れる以外の選択肢はありません。無視したり、逃げたりできません。押さえつけることもできません。〝あるがまま〟を受け容れる。

③そして、**感謝**すること。「この現実を創ってくれてありがとう」「目の前に現れてくれてありがとう」「成長の機会を届けてくれてありがとう」……。

「腹が立っているのに、感謝なんかできない」と思うかもしれませんが、感謝するのは自分自身に対してです。そこのところを間違えないように。

④受け容れ、感謝したら、そのときの感情を**味わい**ます。確認します。それによって初めて、その現実が表れた意味が分かるはずです。味わってみないことには、意味は分かりません。

⑤「とても味わうことなんかできない」「早く手放したい」と思うかもしれませんが、あとで大ごとになるよりはマシでしょう。たとえば、怒りにまかせて喧嘩になるよりは、怒りの感情を味わって、その段階で**手放し**たほうがいいです。

⑥最後に、内なる声に**耳を傾け**、インスピレーション、ガイドからのメッセージを素直に受け取ります。

⑦受け取ったら、すぐに**行動**する。リアルタイムに行動する。直感 即 行動――これが離脱の速度をアップしてくれます。

注意点は――

不快・不愉快、問題などが出てきたときに、それに囚われないようにすること。

囚われ、どっぷりはまり込んでしまうと、また堂々巡りのループに陥ってしまう。

「あーでもない」「こーでもない」……苦悩中毒。苦悩依存症状態。

客観視すること、観察すること――その習慣を身に着けること。

そして、はっと気づいたら、「あ、いけね、またやっちまったな」と反省して、手放す。

以上――

1―常に心の動きを観察すること。
2―心の内外に、ネガティブな感情や問題が出てきたことに気づいたら、
3―それを受け容れ、感謝し、味わって、手放し、
4―インスピレーションを受け取り、リアルタイムに行動する。

1〜4を繰り返す。

理解しただけではダメ。実行すること。

これもトレーニング。何度も繰り返してマスターするもの。

マスターしてしまえば、無意識にできるようになる（はず）。


ざっと、こんな感じでしょうか。

命名――**「ループからの離脱法」**。

このプロセスを、私はマスターしているわけではありません。しかし、これをやんなきゃいかん、と思っています。しかも、トータルセルフ・レベルの意識状態で。

インナーセルフとオートマチック・クリーニング

いま、私が取り組んでいることがあります。

それは、「インナーセルフ」による「オートマチック・クリーニング」というものです。「内なる自分による自動浄化」。

第1章で、トータルセルフ、ガイド、ハイヤーセルフなどついて説明しました（20頁）。「トータルセルフ」とは、オーバーソウル、類魂、集合的自己などと呼ばれます。それは、今のこの私だけでなく、過去、現在、あるいは未来まで含めた、たくさんの私によって構成されている私たちの総体でのことです。ロバート・モンローは、I／There（アイ・ゼア）、「向こう側の自分」と言いました。

トータルセルフには、中心となっている複数の存在たちがいて、その集団が「ハイヤーセルフ」。ロバート・モンローは「EXCOM（エクスコム）」と呼びました。ハイヤーセルフの中でも特に「今のこの私」と関係の深い存在を「ガイド」と呼んでいます。

では、「インナーセルフ」とは何か。以下は、私の個人的な定義です。ヘミシンクのエクササイズを通して体験してきたことと、トランスパーソナル心理学やホ・オポノポノなどから学んできたことを通して、私は次のように考え始めました。

顕在意識の中心に「私」がいます。それを仮に「セルフ」と名付けます。潜在意識の中心にいる「私」を、「インナーセルフ」とします。

セルフとインナーセルフは、もともと一体化したものです。しかし、こちら側の現実世界を生きていくために、便宜的に分離しているのではないか——と思います。


ヘミシンクを聴いて変性意識状態でエクササイズを行なっているとき、私は、向こう側（潜在意識）で何かを体験しています。それはそれで、実感のともなった体験です。確実に、私は向こう側にいます。

向こう側で私は、柔道着を着て、背中に熊の刺繍、腕の周りにイルカがいて、ライトセーバーを腰に差し……という姿になっていたりします。

そのときの私は、セルフとインナーセルフが一体化しています。一体化して向こうでの体験を共有しています。だから、リアルな体験として感じることができるのです。

過去世を体験したり、救出活動をしたり、宇宙旅行をしたり、リリース&リチャージ、クリア&バランス……。常にガイドの理解と手助けを得ながら、ガイドとともに共同作業で体験を共有しています。

しかし、同時にこちら側（顕在意識）にも、私は、存在しています。肉体はもちろんですが、意識もこちらにあります。ただ、エクササイズの最中は、向こう側にフォーカスして（焦点を合わせて）いるので、こちら側のことを意識していないだけです。

エクササイズが終わり、こちら側に焦点を戻してきたとき、セルフとインナーセルフはまた分離します。

通常の目覚めている意識状態で、日常生活を送っているときは、こちら側の世界に完全に焦点が合っているので、インナーセルフのことはほとんど意識していません。ましてやガイドのことなど思い出すこともめったにありません。

さて、私が試みている「オートマチック・クリーニング」ですが、これは――ヘミシンクの最中ではなく通常の意識状態で、インナーセルフにクリーニングのエクササイズをやってもらう――というものです。

これができるようになると、すごいと思いませんか？　インナーセルフが勝手にエクササイズをやってくれるのです。勝手にとは言っても、実際には「セルフとインナーセルフの共同作業」ですが。

クリーニングのエクササイズとは、一つは前節で説明した「ループからの離脱法」です。

①まず、観察し、不快・不愉快、問題などに気づくのは、**セルフ**の役割です。
②次に、**セルフ**は、離脱のプロセスを行なうように、**インナーセルフ**に依頼します。
③**インナーセルフ**は、受け容れ、感謝し、味わって、手放します。
④そして、インスピレーションを受け取り、それを**セルフ**に届けます。
⑤**インナーセルフ**からインスピレーションを受け取った**セルフ**は、行動に移します。

日常的に、いつでも気づいたときに、このプロセスが実行できるようにするには、トレーニングが欠かせません。

何度もたとえ話で出てきますが——自転車の練習です。コツをつかんで乗れるようになり、慣れてしまえば、話をしながらでも、携帯電話をしながらでも（危険です！　止めましょう。道交法違反です）、無意識のうちに運転することができます。自動車でも同じです。慣れないうちは、助手席の人と話をする余裕もありません。

この、離脱のプロセスの共同作業も、最初のうちはセルフが主導で手順を確認しながらやる必要がありますが、練習を重ねて慣れてしまえば、自動的にできるようになるはずです。「……はずです」というのは、私もまだ練習中だからです。

さらに、ヘミシンクのエクササイズを行なうこと。特に、リリース&リチャージや救出活動など、クリーニング系のエクササイズです。

インナーセルフは、ヘミシンクを通して、エクササイズそのものには慣れています。きっと、一人でもできるはずです。

「あ、いま、救出活動が必要です。インナーセルフさんお願いします」「あ、いま、リリース&リチャージが必要です。インナーセルフさんお願いします」

しかし、ここでも、セルフが「エクササイズをやる」という意志を固め、それを伝える必要があります。**「起動するのはセルフの役割」**なのです。

オートマチック・クリーニングで最も重要なことは、セルフがクリーニングの必要性に気づき、それをインナーセルフに伝え、依頼することです。「あ、いま、クリーニングが必要だ」と気づくこと。

そのためには、常に客観的に、他人を見るように自分を観察し、クリーニングの必要性を感じ取れる――そのような感受性を身に着けていく必要があります。これも練習です。

あと、オートマチック・クリーニングは、セルフとインナーセルフとの**共同作業**です。依頼し、同意してもらわなければなりません。命令は不可。依存するのもダメですね。

そして――結果を想定しない。期待しない。何が最善・最適な状態か、セルフだけでは判断できません。

クリーニングを続ければ続けるほど、限りなくゼロの状態に近づき、インスピレーション、ガイドからのメッセージが届きやすくなってきます。

ここで重要なポイントは、**インスピレーションは——インナーセルフ経由でセルフにもたらされる**——ということです。セルフに直接やってくることはありません。

だからたとえインスピレーションが届いたとしても、インナーセルフが何か問題を抱えていたり、セルフとインナーセルの関係が良好でなかったりしたら、スムースに顕在化することができません。途中でメッセージが歪んで解釈されたり、誤解されたり、あるいは届かなかったりします。

だからこそ、セルフはインナーセルフのケアをする必要があります。そして常により良い関係を築いておかなければならないのです。

以上が、「オートマチック・クリーニング」の概要です。冒頭にも述べたように、これは、私が個人的に取り組んでいる方法です。まだまだ仮説の段階です。検証中、研究中のものでもあります。

しかし、方向性としては間違っていないのではないか、と思っています。

ところで、インナーセルフには、名前がないのでしょうか？

最近のことですが、一度、聞いたことがあります。すると――

「山ちゃん」という答えが返ってきました。というか、その名前が思い浮かびました。

「は？　山ちゃん……」。

すぐに連想したのは、お笑い芸人〝南海キャンディーズ〟の「山ちゃん」です。あとは、名古屋の手羽先「世界の山ちゃん」か。

ん〜ん。何か、もっとカッコいい名前のほうがいいなあ、と思いました。申し訳ないけど。

ところが、本書を書くために昔のジャーナル（記録）を見直していたところ、２００９年４月のノートに、「山ちゃん」と書かれているページを発見したのです！　ビックリです。しかし、どういうシチュエーションでこの名前が出てきたのか、思い出せません。とにかく「山ちゃん」と、はっきりメモされていました。

やっぱり、私のインナーセルフの名前は「山ちゃん」なのでしょうか……。

アセンション――第３密度ループからの離脱

『あきらめない！　ヘミシンク』では、私が初めてモンロー研究所を訪れ、ゲートウェイ・ヴォエッジというプログラムに参加したときの体験を報告しています。

ヘミシンクは、「自由になるための道具です」という言葉が印象的でした。新鮮でした。何から「自由」になるのか？　さまざまな思い込みや囚われ、要らぬ信念、不要な価値観……それらをまとめて「制約」というならば、ヘミシンクとは、「さまざまな制約から自由になるための道具」です。

以下は、私の解釈も含まれています。

自由になるとどうなるのか。「本来の自分」を表現できるようになる。では、本来の自分とは何か。自分は自分だけではない、もっと大きな自分（トータルセルフ）とつながった存在である、ということを知り、それを知りながらいまを生きていくこと――それが、本来の自分を表現していることではないかと思います。

「知る」といっても、誰かが教えてくれるわけではない。自分で「体験」して理解する。ヘミシンクは「自分で体験するための道具」。「道具」を使うのは自分。どう使うかは自分次第。

私たちを手助けしてくれる存在がいる。ガイドと呼んだりハイヤーセルフ、あるいはヘルパーとも。単にガイダンス（導き）という人もいる。

彼らの手助けのもとに体験を進めていく。彼らがいるのかいないのか、分からなくてもかまわない。それすら体験すればわかる。それまでは、いるという前提で進めていく。

（『あきらめない！ ヘミシンク』84頁〜85頁）

まさに、「振出しに戻る」とはこのことです。結局のところ、これです。これに尽きます。これしかありません。

制約から自由になり、ほんとうの自由を取戻し、ほんとうの自分とつながり、本来の自分を表現しつつ、創造的に生きていくこと――。

そのために、何をどうしたらいいのか……私はそれを探し続けてきました。ヘミシンクを中心に、ヨガやホ・オポノポノなどなど「自分に合っている」と思われるものを実践しながら、試行錯誤を続けてきました。

そして、今、この方法を実行していけばいいのではないだろうか……というものを見つけたように思います。それが、「ループからの離脱法」です。

「ループ」とは、「閉鎖した回路」です。同じことの繰り返し。堂々巡り。ぐるぐる回って、そこから出られません。

「ループから離脱」することが「自由になる」ことであり、私たちは自由になって初めて、「ほんとうの自分」をとりもどし、「本来の自分」を表現できるようになるのです。

ところで――実は本書を書きながら、気づいたことがあります。
いったい――私がやってきたことを、一言でいうと――何なのか?
それは――つまるところ、それは――**「アセンション」**ということではないか?――ということです。
私は、今まで「アセンションするために何をすればいいのか?」などと発想したことは一度もありませんでした。ガイドからも、アセンションのアの字も聴いたことはありません。
しかし、結果的に――私はアセンションの流れに乗っているのではないか、と思うようになったのです。

「アセンション」については、坂本さんの『激動の時代を生きる英知』(ハート出版)から引用します。

アセンションとは、人類と地球が今いる第3密度の段階から第4密度の段階へ移行することです。それに伴い、あらゆるものが第3密度的な状態から、第4密度的な状態へと移行していきます。
人間の意識の状態として、第3と第4でどういう違いがあるのか、……(中略)…… ガイドや「大いなるすべて」と太いパイプでつながっているかどうかの違いです。それはまた、自分の中心にある「真の自己」とつながることでもあります。その結果、第4密度へ移行すると、「真の自己」や「大いなる自己」に合致した生き方ができるようになります。

第3密度の場合は、「真の自己」は地球生命系で見についたありとあらゆる信念や価値観で覆われているため、私たちは、「真の自己」から乖離した生き方をしています。…（中略）…

第3密度から第4密度へ上がる過程で、そういった第3密度的な信念や価値観が剥がれ落ちていきます。そして、第4密度へ移行した段階で、すべて剥がれ落ちて、「真の自己」と合致した生き方をするようになるのです。

…（中略）… 個々人のアセンションが進むには、それぞれが第3密度から第4密度に移行する必要があります。それには、個々人の持つ価値観、考え方、信念、思い、感情が第4密度

第3密度と第4密度

第3密度	第4密度
大いなるすべてとのつながりが弱い	**大いなるすべてとのつながりが強い**
第3密度的な信念に支配されている	**第3密度的な信念から離れている**
喜びは続かず、苦しみ、悲しみ、怒りが多い	**喜びと愛にあふれている**
自分が人生を創造していることに気づいていない	**自分が人生を創造していることに気づいている**
個別意識（分離）	**個別意識と集合意識の両立**
共時性（シンクロニシティ）が少ない	**共時性（シンクロニシティ）が多い**

著者註：上記の表は完全引用ではありません。一部手を加えています。

にふさわしいものに変わる必要があります。

これは私たちが頭で把握できている顕在意識のレベルだけでなく、潜在意識のレベルも含みます。というか、…（中略）… 人の意識の9割は潜在意識と言われていますので、むしろ大切なのは、潜在意識のほうを第4密度に見合うものに変えるということです。

（『激動の時代を生きる英知』38頁～40頁）

『バシャール×坂本政道』（ヴォイス）では、「第4密度に完全に移行してしまうと、どんな世界が広がっているのか」という坂本さんの質問に対してバシャールは、次のように答えています。

将来の第4密度とは、シンクロニシティの世界であり、ワクワクの生活、創造性、そして喜びの生活です。

もちろん、それが常に実現しているためには、しばらく時間がかかるかもしれません。

けれども、人間の時間でいうと約100年から300年以内には、それが実現して、地球上は、いつでも平和と喜びと創造性と愛がある、そんな生活になるでしょう。

2032年から2050年にあいだには、それらの時代の兆しが見えてくるでしょう。

（『バシャール×坂本政道』242頁）

私は、人類や地球の未来がどうなるのか、いつ頃アセンションするのか、といったことに、これまで直接的には関心がありませんでした。もちろん知識としては知っていて、それなりの興味はあるのですが、自分の体験として実感がなかったからです。

それよりも、私自身が、どうしたらより自由に、平和に、豊かに、幸せと喜びを感じながら生きていけるようになるのか——ということを解決するほうが大事でした。

人類のことよりも自分のことのほうが大事——利己的でしょうか…。しかし、一人一人が幸せにならないと、人類の平和はやってきません。人類の平和のために何ができるか——結局は、私たち一人ひとりが平和になることではないかと。

私が自己流（?）で考えてきた「ループからの離脱法」というのは、結局のところ「第3密度ループからの離脱法」だったのではないか、と思います。つまりは、それが——「アセンション」ということではないかと。

おそらく、「ソンブレロ銀河」の集合意識は、第4密度にアセンションした存在ではないかと思います。「圧倒的な緑のエネルギー」も、第4密度のエネルギー。「体外離脱」したときに体感したのも、第4密度の至高体験。「みんなが代表者」というのも、第4密度の価値観です。ヨガが目指すところも、ホ・オポノポノが目指すところも、言葉を変えれば、第3密度から第4密度へアセンションすることではないかと思います。さらに言えば、輪廻からの解脱というのも同じことではないか、という気がします。

今になって、この本を書き終える段階になって、そう思うようになりました。

一人ひとり、方法論は違っていていいと思います。みんな、「自己流」でいいのではないか、と思います。というか――自己流しかありえないのではないかと。最初は誰かの真似をしても、最後には自分流をつかむしかないと思います。

この章の冒頭で、AさんBさんのケースをお話ししました。結局はそういうことではないか、と思います。最後は自分でつかむしかない。「守破離」です。

スワミ・サッチャダルマ師

2012年6月、私の通っているヨガ教室（シャンティ・パット）が、インドのヨガ大学BSY（ビハール・スクール・オブ・ヨーガ）から、スワミ・サッチャダルマ・サラスワティ師を招聘して、セミナーを開催しました。

サッチャダルマさんは、BSYの公認親善大使。私のヨガの師匠の、そのまた師匠にあたる方です。6年ぶりの来日で、

日本には10日間滞在されました。現在は、オーストラリアに住んでいます。ちなみに、サッチャダルマさんも、私の師匠のM（まさみ）さんも女性です。

私は、今回初めてサッチャダルマ師にお会いしました。どんな方なのか、まったく知りませんでした。

第一印象は「透き通った人」です。濁りがない。ユーモアにあふれています。それと、声が素晴らしい。きれいで、「透き通った声」でした。インドの讃美歌であるキールタンを歌うのですが、スコンと突き抜けたような声です。何というか、声に〝我（が）〟がない。上から降りてきたものを、パイプを通してそのまま流れ出ている感じです。

サッチャダルマさんの、ライブでの誘導瞑想は最高でした。ヘミシンクはCDに録音されたナレーションを使いますが、サッチャダルマさんの場合はライブです。アドリブも入っているのでしょう。ほんとうに、気持ちよく誘導されました。「ゆだねる」というのはこういうことかと、思いました。

2012年の来日では、二つの奥義を伝授されました。一つは「クリヤ・ヨーガ」。もう一つは「SWANメソッド」。どちらも第一ステップだそうで、まだまだ先があるとのこと。2013年秋にも来日予定。続きを伝えてくれます。

内容は詳しくお伝えできませんが、**「クリヤ・ヨーガ」**では、次のような説明がありました。

「心をコントロールする必要はない」

「エネルギーが覚醒すれば自ずと心は集中し穏やかに、平和になる」

え？　――ちょっとしたカルチャーショックでした。なぜなら、今まで「エネルギーは思いに従う」と習ってきたからです。意識でエネルギーをコントロールする。

クリヤ・ヨーガは、逆のアプローチのようです。「エネルギーの解放を通して、意識の拡張を行なう」のです。だから、心をコントロールする必要はない、ということなのです。

「心」と「体」と「気（エネルギー）」という3つのアプローチ方法があると言われています。ヘミシンクは「心」、意識によるアプローチです。アーサナというヨガのポーズは「体」からのアプローチ。そして、今回のクリヤ・ヨーガは「気（エネルギー）」によるアプローチです。

2日間のセミナーでしたが、瞑想とエネルギーワークの練習を繰り返しました。ごちゃごちゃ考えない。とにかくエネルギーを動かすことに集中する。とにかく、こんなに集中してエネルギーワークを経験したのは初めてでした。

「SWANメソッド」は、BSYの創始者であり、クリヤ・ヨーガの秘伝を世界中に広めた第一人者とされる、スワミ・サッチャナンダ師（スワミ・シヴァナンダの弟子）が開発したメソッドだそうです。サッチャナンダ師から直接指導を受けた弟子は少なく、その一人であるサッチャダルマさんが日本で伝えたのは初めてのことだそうです。

SWANメソッドでは、徹底的に自己分析を行ないます。分析のための項目が体系的に用意されています。さらに、日々の瞑想のトレーニングがあります。分析（左脳的）と瞑想（右脳的）の両方を使うメソッドです。

目からウロコがたくさんありました。一つは、自己分析です。これを毎日行なうのです。紙に書き出すのですが、そのとき、前の日の紙を見てはいけません。毎日ゼロベースで分析していくのです。

さらに、同じ分析軸を元に瞑想します。このとき、考えてはいけない。心の中から湧き上がってくるのを待つのです。しかも、出てきたものをつかまない。手放す。せっかく出てきたのに……手放します。

この手順を繰り返していくと、誰しも必ず**「人格の統合」**が起こると言われています。

「そのとき、あなたのすべてのSWANが調和され、変換され、本来のあなたが発動します。あなたは生まれてきた目的を明確に自覚し、それに向かって新しい一歩を踏み出すことができます」

サッチャダルマさんは、「今の日本ほど、このメソッドが必要とされている国はない」との使命感があって、今回の来日で伝授されたそうです。私の師匠のMさんは、サッチャダルマさんから直伝され、ＳＷＡＮメソッドを国内で教えることを許されました。現在は、定期的にワークショップを開催しています。（ご参考：ヨガ教室シャンティ・パット：http://shanti-path.com/）。

私は２０１３年3月に受講しました。それ以来、ほぼ毎日続けています。一日5分～10分くらいです。電車の中でもできます。手軽なので継続しやすいです。

さて、まだまだ、学ぶことはたくさんありそうです。

「これだ！」と思ったメソッドは、貪欲に取り組んでいきたいと思っています。

私の自己流アセンション——「第３密度からの離脱法」は、まだまだバージョンアップしていきます。

探求とプロセスはつづく

本書も終わりに近づいてきました。

私は、常に実践者でありたいと思っています。ヘミシンクもそうですし、その他の方法論やツールについても同じように、知識として理解するだけでなく、実行し体験・体感し、身につけていこうと思っています。

何ごとも、体験しないと、ほんとうのところはわかりません。くり返し実践しないと身につきません。

これからも、私の探究と探索は、まだまだ続きます。一生涯、続きます。

今年（2013年）の夏、日本人対象の「第5回スターラインズⅡ」が、ヴァージニアのモンロー研究所で開催されます。もちろん――参加します。参加者としては、3回目のスターラインズⅡになります。

モンロー研究所の一週間のプログラムは、私にとってはリトリート（自分を見つめなおすこと）です。モンロー研の施設は、リトリートには理想的な環境です。

今までのスターラインズⅡは、毎回貴重な体験がありました。今回も、きっと新しい発見があるに違いありません。今から楽しみです。ワクワクしています。

向こうの世界に対しても、そしてこちらの世界に対しても、「好奇心」を大切にしていきたいと思います。好奇心が原動力です。そして、自分が〝創造主〟であることを自覚しながら、これからも生きていこうと思っています。

おわりに

最後までお読みいただき、ありがとうございました。

〝はじめに〟にも書きましたが、本書は、何かの結論に導くために書いたものではありません。私自身の体験と気づきのプロセスを、時系列に記述したものです。体系的でもなければ、きちんと整理されたものでもありません。

「何が言いたいの?」とか「早く結論を言え!」などと思われた方もいるかもしれません。ご容赦ください。

しかし、私の探究の姿勢やプロセスを、ライブ感覚でお伝えできたのではないか、と思っています。

あえて、結論めいたことを言うとするならば、

「何ごとも、〝自己流〟を目指していきましょう」ということでしょうか。

〝一流〟ではなく〝自己流〟です。

ヘミシンクのコツもそうですが、人生を生きるコツ、アセンションのコツも――すべて、自分でつかむ――〝自己流〟で創り上げたものに、勝るものはありません。

私たちの可能性は無限です。有限であるとするならば、それは自分で制約を設けているだけです。制約を設ける必要もなければ、何かに縛られる必要もありません。

自分の可能性は無限だということ以外――何も、信じる必要はありません。焦る必要もありません。

あきらめないで、ただ、悠々と、真剣に、自分のペースで進んでいけばいいのです。

この本が、少しでもみなさんのお役に立つことを、心から願っています。

※　※　※

最後に、本書を執筆する機会を与えてくださった、ハート出版の日高社長、いつも付き添って

くださる藤川編集長、ありがとうございました。
推薦文を書いていただいた坂本さん、ありがとうございました。
お互いに切磋琢磨しているトレーナーの仲間たち、いつも感謝しています。
そして、セミナーでご一緒する参加者の皆さん、皆さんのおかげです。
私のインナーセルフ〝山ちゃん〟、ありがとう。愛しています。
ありがとうございました。

今回も、最後にもう一度。**――あきらめるな！**

２０１３年６月
芝根秀和

◆おまけ――思い出のヘミシンクCD

さて、最後に「おまけ」として、私とヘミシンクCDの「おつきあい」の歴史をご紹介しましょう。ヘミシンクとCDは切っても切れない関係ですので、読者のみなさんの何かの参考になればと思いまとめてみました。

前著『あきらめない！ ヘミシンク』にも書きましたが、初めて購入したヘミシンクCDは、メタミュージックの「ハイアー（高次）」と「スピリッツ・ジャーニー（心の旅）」でした。メタミュージックとは、インストゥルメンタル（歌の入らない演奏）にヘミシンク周波数がブレンドされたものです。この２つのCDは、曲を覚えてしまうくらい

ハイアー

スピリッツ・ジャーニー

何度も聴きました。偶然でしたが、最初から良いCDに出会えたと思います。この2枚はいまでもよく聴きます。

振り返ってみるに、「ハイアー」は、ヘミシンクに慣れるには最適だったと思います。〝ヘミシンクらしい〟曲です。けっこう深い変性意識状態に誘導されます。知人のOさんの話ですが、彼はこの曲を仕事中に聴いていたそうです。ヘッドフォンをして、聴きながらパソコンに向かって仕事に集中していて、ふと時計を見ると、アポイントの時間が迫っている。ヤバイ！と、あわててヘッドフォンを外して椅子を立ったとたん――クラクラっとなって、ひっくり返ってしまったとのこと。腰が抜けたようになってしまった。幸いケガはなかったのですが、危ないところでした。グラウンディング（地に足を付ける）には気をつけましょう。きちんと意識がこちらに戻ってきたことを確認してから立ち上がってください。また、「ハイアー」を聴いている最中に体外離脱を体験した人が数人います。とにかく、パワフルなCDです。

私にとって「スピリッツ・ジャーニー」は、無条件に陽気になれるCDです。初めて参加したモンロー研プログラム「ゲートウェイ・ヴォエッジ」の帰り道、空港に向かうバスの中で4時間近く、ずっとこの曲をリピートにして聴いていました。モンロー研での〝真夜中の涙〟事件（前作94頁）のあと、潜在意識の蓋が開いて浄化が始まったのです。とにかく楽しくて楽しくてしょうがない。空を見上げて「いい天気だあ！　おおー飛行機雲だあ～わっはっはぁ～」と、気分爽快。そのときの気分にぴったりだったのが「スピリッツ・ジャーニー」でした。

〝真夜中の涙〟事件のきっかけは、ゲートウェイ・エクスペリエンスのＷａｖｅＩに収録されている「リリースとリチャージ」でした。昼間にこのエクササイズを行なった影響で、夜中に目が覚めて浄化が始まったのです。このＣＤは本書の第４章でも取り上げました。Ｂさんブレイクのきっかけになりました（191頁）。潜在意識の中の恐怖心と、その元になった記憶や感情を顕在化し、手放し、本来のエネルギーをとりもどしていくためのエクササイズ。原因を探る必要はない。手放すことを決意し意図して、あとはエクササイズに集中する。このＣＤのおかげで、多くの方が、トラウマを解消したり、恐れや不安から解放されたりしています。ただ、一回や二回聴いてもすぐに効果は感じられないことが多いです。継続することが大切です。

ゲートウェイ・エクスペリエンス

同じ潜在意識の浄化を目的にしたCDは、アルバムシリーズ「心と体の若返り」の中の#4「浄化し調和しましょう」、「創造性開発（クリエイティヴ・ウェイ）」の#6「チャンネルの浄化」などがあります。前者の「浄化し調和しましょう」は、セミナーの中のエクササイズとして、頻繁に使っています。

私は2度目に参加したモンロー研プログラム「ライフライン」で、ヘミシンクのコツをやっとつかんでブレイクしたのですが、その一か月前から、徹底的にフォーカス10のエクササイズを聴き込みました。先ほどのWaveIの#6「フリーフロー・フォーカス10」です。それと、眠る前には「ディープ10リラクゼーション」を聴きました。リラックスして、なおかつ眠らない、という練習が必要だと感じたからです。

ディープ10リラックス

さらに、「体外への旅」を聴きました。このCDには、ナレーションがまったく入っていません。ザーッという無味乾燥な音が聴こえくるだけです。エクササイズも単調です。たとえば「意識を何かに集中せず、半覚醒状態を維持します。目を閉じたまま前方の暗闇を見つめ、それ以外は何もしません」といった感じ。それでも飽きずに続けました。移動中の電車の中でも聴きました。そのおかげで、ヘミシンクの基本ができたと思います。「心身ともにリラックスしながらも目覚めている状態」という基本。そのおかげで、次のライフラインでブレイクできたと思います。

モンロー研のプログラムに参加すると、お土産CDが貰えます。ゲートウェイ・ヴォエッジだと、フォーカス21までのフリーフローCDです。ライフラインだとフォーカス27までのフリーフロー。

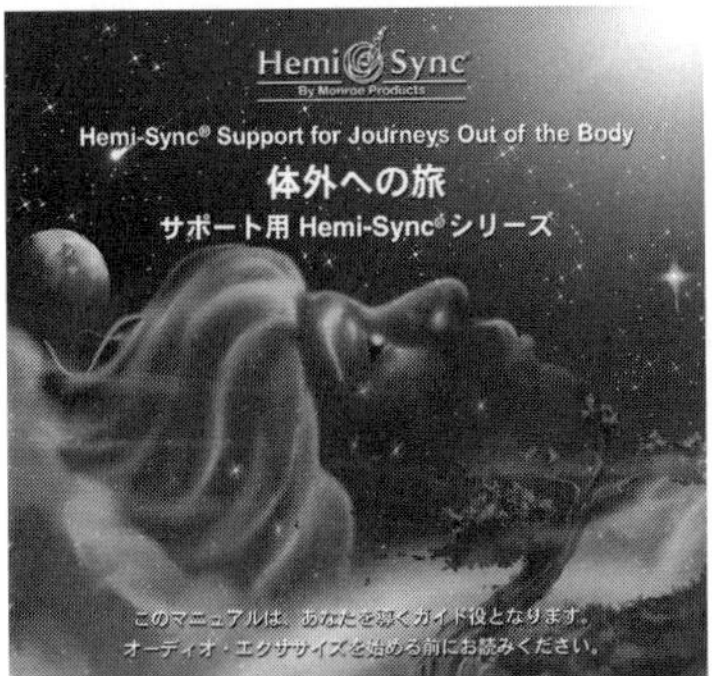

体外への旅

エクスプロレーション27に参加すると、地球のコアを探索するためのCDが貰えます。さらに、スターラインズではフォーカス34／35のフリーフローです。スターラインズⅡではフォーカス42までのフリーフローです。これらのCDは市販されていません。モンロー研プログラムに参加した人だけの特典です（複製不可）。エクササイズのやり方がある程度わかっている人にとっては、ガイダンスの少ないフリーフローのCDのほうが好まれます。そういう人にとっては、うってつけです。ナレーションは英語ですが、最低限のことしか言いません。

モンロー研プログラムに参加した人の多くがそうかもしれませんが、私もこのお土産CDを聴きまくりました。特にライフラインのフォーカス27までのフリーフローは、救出活動を行なうときの必須アイテムでした。何度も聴いて救出活動を行ないました。

２００９年のニューリリースCDの中に、メタミュージックの「ウェイブス・オブ・ラブ（打ち寄せる愛の波）」があります。初めて聴いたとき、なぜか涙が出てきました。トレーナー仲間の加藤善康さんも、大泣きしました。参加者の方で、70歳に近い男性の方がこのCDを聴いて「本来の愛、ガイドの愛がわかった！」と言っていました。それほどインパクトのある曲でした。男性をとことん癒してくれる、オヤジキラーのCDです。もちろん女性にも人気です。

最近よく聴いているのは、メタミュージックの「ヘブン＆アース（天と地）」。ギターの曲です。私はギターだけでなく、三味線、三線、二胡、バンジョーなど、もともと弦楽器が好きなのですが、それにしても、この曲はなかなか飽きません。

ウェイブス・オブ・ラブ

ヘブン＆アース

あと、「イージプシャン・サン（エジプトの太陽）」。ヘミシンクCDには珍しく、中東系の音楽です。一度聴いてみてください。とにかく元気が出てきます。参加者の方の中に、毎朝通勤前にこれを聴いているという女性がいます。

お気に入りのCDを何枚か持っているといいですね。その時々の心の状態、エネルギーの状態によって、聴きたいものを聴けばいい。

アクアヴィジョンのオリジナルCDというものがあります。「胎児退行体験」と「地球と宇宙をハートで結ぶ」の2枚です。どちらも、アクアヴィジョンのセミナーで使うために開発したものでしたが、あまりにも人気が高いので、モンロープロダクツに制作を依頼し市販させてもらいました。アクアヴィジョンでしか売っていません。

ナレーションは、トレーナーの小島由香里さ

退行胎児体験

イージプシャン・サン

ん。彼女はヒプノセラピストでもあり、ライブでの誘導瞑想に慣れています。優しい声です。声に耳を傾け、流れに任せていけば、自然に誘導してくれます。素晴らしい出来栄えのCDです。

実はこのCDのジャケットですが、イラストとデザインは、うちの娘が担当しました。公私混同も甚だしい！　さらに、この2枚のCDの解説書である「アセンションへのエクササイズ」のデザインも、娘にやってもらいました。親馬鹿野郎です。

以上、おまけの「思い出のヘミシンクCD」でした。

それでは、またお会いしましょう。

地球と宇宙をハートで結ぶ

アセンションへのエクササイズ

◆資　料

以下、モンロー研究所やヘミシンクについての基礎情報を載せています。さらに詳しく知りたい方は、モンロー研究所もしくはアクアヴィジョン・アカデミーのホームページをご覧ください。

モンロー研究所

モンロー研究所は、米国ヴァージニア州にある非営利の教育・研究機関です。人間意識の探究を主要な活動としており、意識状態に顕著な影響をもたらすオーディオ・サウンド・パターンを活用した研究活動で国際的に知られています。このオーディオ・ガイダンス技術がヘミシンクです。モンロー研究所はヘミシンクを活用した独自の教育プログラムと専門機関との共同研究を通して、人間意識の成長と進化に大きく貢献しています。

モンロー研究所はロバート・モンロー（1915～1995）によって設立されました。モンローは、既存の宗教のような教条主義に陥ることを極度に嫌い、人から教えられたり強制されたりするのではなく、自らの体験を通して発見することを最も重視しました。彼は、自分が話したり本に著してきたことすら、それは自分の仮説であり信じる必要はない、と言っています。「私の言うことを信じないで、自分で調べなさい（Don't believe what I said. Find it for yourself.）」

というのが彼の口癖でした。

モンロー研究所ではロバート・モンローの遺志を受け継ぎ、これまでに発見されてきた事柄を押し付けることはしていません。自らの体験を最重要視しています。いかなる宗教、思想、信条、信仰からも自由な立場にあるため、世界中のあらゆる宗教、信条の人たちが訪問しています。

ヘミシンクの原理

ヘミシンクは、モンロー研究所によって特許取得されたオーディオ・ガイダンス技術です。ロバート・モンローは、特定のサウンド・パターンが人間の意識をさまざまな状態へと導くことに着目し、自身の経験をもとにヘミシンクを開発しました。その後、医療機関や大学との共同研究によって科学的にも臨床的にも証明され、さらに五十年以上にわたる実証的な教育・研究活動を通して洗練されてきました。

ヘミシンクによって導かれるような通常とは異なる意識状態のことを、心理学用語で「変性意識」と呼ばれています。ヘミシンクを一言で言えば、「人間意識を変性意識状態へと安全かつ効率的に導くための音響技術」です。

ヘミシンクの基本的な原理は、ヘッドフォンを通して両耳に異なった周波数の音を聞かせる、というものです。たとえば、片方の耳に１００ヘルツ、もう一方の耳に１０５ヘルツの音を聞かせたとします（どちらも耳に聞こえる領域の音です）。すると、この二つの音が脳幹と呼ばれる部位で合成されて、その差五ヘルツで振動する「第三の周波数」（聞こえない音）が発生します。そのとき脳は、新しく脳幹で発生した五ヘルツに同調し、しかも右脳と左脳に同時に伝えられます。その結果、脳は自動的に五ヘルツの脳波に誘導され、さらに左右両脳が同調して活動するようになるのです。

左右両脳が同調という現象は、日常的には稀にしか起こりません。右脳はイメージ脳、左脳は論理脳と言われていますが、普段はどちらかの脳が優位に働いています。ヘミシンクによって、この二つが同調して活動するという現象が発生します。しかもヘミシンクを聴いているあいだ、その状態は維持されているのです。

ロバート・モンローは、この技術をヘミシンク（Hemi-Sync®）と命名しました。ヘミスフェリック・シンクロナイゼーション（Hemispheric Synchronization ＝左右半球脳の同調）の略です。

ヘミシンクに関するモンロー研究所と専門機関との共同研究は現在も続けられ、さまざまな応用技術が開発されてきました。その成果は、数々のヘミシンクＣＤなどの製品として世に送り出されており、多くの人々に利用されるほか、セラピストや医療機関、教育者などの専門家にも広く活用されています。

また、ヴァージニアのモンロー研究所において実施される滞在型プログラムをはじめ、世界中のヘミシンク・ワークショップにおいて利用されています。

ヘミシンクは、長年の研究と実績によって安全性と有効性が証明されています。また、サブリミナル（潜在意識に働きかける）メッセージは使われていません。リスナーは、常に自分自身のコントロールを失うことはありません。

フォーカス・レベル

ヘミシンクによって誘導される変性意識状態では、変成した時空間の知覚や自然・宇宙との全体的な統合性、主体と客体の一体感、完全なる幸福と肯定的な情緒、高揚した鮮明さと全体理解の感覚――といった「至高感覚・至高体験」のほか、直感やサイキック能力、リモート・ビューイング（遠隔視）、ヒーリングなどの「超感覚的知覚」が可能になると言われています。体外離脱もそれらの体験の一つです。また、いわゆる「悟り」を開いた覚者の意識状態とも言われ、瞑想やヨガ、座禅、滝行、護摩行など昔からの「修行」によって到達できる意識・身体領域とされています。さらに、ドラッグや過度のアルコールなどによってもたらされる幻覚や幻視、幻聴なども、広義には変性意識状態と呼ばれています。

このように、変性意識にはさまざまな、数限りない状態が存在します。そこでロバート・モンローは、特定の意識状態を表す指標として、便宜上フォーカス・レベルという概念を導入しました。そこでは、数字によって意識状態が示されています。そして、それぞれのフォーカス状態（レベル）に導くためのヘミシンク周波数を特定していきました。これによって、ヘミシンクの周波数に誘導されて共通の意識状態（＝フォーカス・レベル）に導かれ、その領域における体験を共有することが可能になりました。

フォーカス1　意識が物質世界にしっかりある状態。覚醒した状態。C1（Consciousness 1）
フォーカス10　肉体は眠り、意識は目覚めている状態　Mind Awake / Body Asleep
フォーカス12　知覚・意識の拡大した状態　Expanded Awareness
フォーカス15　無時間の状態（単に〝存在する〟状態）　The State of No Time
フォーカス21　この世（Here）とあの世（There）の架け橋の領域　The Bridge State
フォーカス23　囚われの世界（執着状態／孤独状態）　New Arrivals
フォーカス24〜26　信念体系領域（共通の信念や価値観）　Belief System Territories
フォーカス27　輪廻の中継点（転生準備のための様々な場）The Way Station
フォーカス34／35　地球生命系内の時間を超えた意識の広がり、つながり　I/There
フォーカス42　太陽系を超えた銀河系内の意識の広がり、つながり　I/There Cluster
フォーカス49　銀河系を超えた銀河系近傍の意識の広がり・つながり　I/There Super Cluster
さらに上のレベル　この宇宙を超えた意識の広がり、つながり。帰還のための大きなエネルギーの流れ

アクアヴィジョン・アカデミー

アクアヴィジョン・アカデミーは、モンロー研究所で開発されたヘミシンクと、それを用いて得られるさまざまな知見を日本に正しく伝え普及することを目的に設立されました。アクアヴィジョンでは、ヘミシンク・セミナーを開催するほか、オンラインショップでのヘミシンクCD販売などの活動を行なっています。

世界に20名弱しかいない公認レジデンシャル・ファシリテーター坂本政道が代表を務め、さらに七名の公認アウトリーチ・ファシリテーターを含めて10名のヘミシンク・トレーナーを擁し、日本におけるヘミシンクの普及をリードしています。

モンロー研では現在（平成25年6月）、主に次のような一週間滞在型のプログラムを開催しています。そのうち、アクアヴィジョン・アカデミーで現在提供しているのは、＊印の付いた五種類のプログラムです。当初は日本からの団体ツアーでモンロー研究所を訪れていましたが、今ではこれら五種類のプログラムのほとんどを、日本で開催しています。

ゲートウェイ・ヴォエッジ＊、ガイドラインズ、ハートライン、ライフライン＊、タイムライン、エクスプロレーション27＊、ＭＣ２、

リモート・ビューイング・プラクティカム、エクスプロレーション・エッセンス、スターラインズ＊、スターラインズⅡ＊

また、アクアヴィジョン・アカデミーでは、次のようなさまざまなヘミシンク体験セミナーを開催しています。（平成25年6月現在）

エクスカージョン・ワークショップ（1日）、チャクラヒーリングコース（1日）、シンククリエーション・ワークショップ（2日）、フォーカス15願望実現コース（1日）、フォーカス15超時空コース（1日）、フォーカス15創造性・直感力コース（2日）、フォーカス21探索コース（1日）、ガイドとの交信コース（1日）、バシャール・コース（1日）、フォーカス27体験コース（1日）、トータルセルフ体験コース（2日）、ガイドとの邂逅セミナー（3泊4日）、アセンション・セミナー（3泊4日）、地球（GAIA）との交感セミナー（3泊4日）

■アクアヴィジョン・アカデミー　セミナー受付
http://www.aqu-aca.com/
TEL：03-3267-6006（平日／10:00～17:00）FAX：03-3267-6013

著者紹介　芝根秀和（しばね　ひでかず）

アクアヴィジョン・アカデミー公認ヘミシンク・トレーナー
モンロー研究所公認アウトリーチ・ファシリテーター
（有）エル・アイ・ビイ　代表取締役
1954年、岡山県生まれ。北海道大学教育学部（産業教育専攻）卒業。
コンサルティング会社、テレマーケティング会社、フリーランスを経て、1988年、電通パブリックリレーションズに入社。コーポレートコミュニケーションやマーケティングコミュニケーション、エンプロイーコミュニケーション、組織活性化などのプロジェクトに携わる。1996年から2年間、基幹系・情報系システムの再構築プロジェクトのマネージャーを務め、1998年からはITベースのPR商品やサービス、新規事業の企画・開発をマネージする。
2000年11月、退職、独立。（有）エル・アイ・ビイにてミュニケーション・デザイン業務を実施。
2004年より心理学（特にトランスパーソナル心理学）の研究を開始。同時にヘミシンク・セミナーに参加し始める。2007年4月よりアクアヴィジョン・アカデミー公認ヘミシンク・トレーナー、2009年10月よりモンロー研究所公認アウトリーチ・ファシリテーターとなる。
日本メンタルヘルス協会公認心理カウンセラー、日本トランスパーソナル学会会員。
著書：『ヘミシンク完全ガイドブック』（Wave I ～ VI）、『あきらめない！　ヘミシンク』、『ヘミシンク入門の入門』、『超時空体験マニュアル』（すべてハート出版）
アクアヴィジョン・アカデミー：http://www.aqu-aca.com/
LIB　コミュニケーション・デザイン：http://www.letitbe.co.jp/
　　トランスパーソナル研究室：http://www.beyond-boundaries-lib.com/
ブログ（呉剛環蛇）：http://diary.beyond-boundaries-lib.com/
Facebook：http://www.facebook.com/hidekazu.shibane

あきらめない！　ヘミシンク2
自己流 アセンション —あなたに一番の方法が見つかる本

平成25年8月6日　第1刷発行

著者　　芝根秀和
発行者　日高裕明

発行　ハート出版

〒171-0014　東京都豊島区池袋3－9－23
TEL03-3590-6077　FAX03-3590-6078
ハート出版ホームページ　http://www.810.co.jp

乱丁、落丁はお取り替えします。その他お気づきの点がございましたらお知らせ下さい。

ISBN978-4-89295-964-6　　編集担当／藤川　印刷／大日本印刷

ヘミシンク実践シリーズ

各・本体１３００円

驚異のヘミシンク実践シリーズ０

ヘミシンク　入門の入門

ヘミシンク実践のための初歩の初歩の解説書。楽しみ方や疑問解消、ＣＤの選び方まで。

坂本政道／監修　　芝根秀和／著

驚異のヘミシンク実践シリーズ１

ヘミシンク入門

ヘミシンクの基本知識とその可能性を紹介。誰でも気軽に体験できるためのコツと心得。

坂本政道／監修　　植田睦子／著

驚異のヘミシンク実践シリーズ２

ガイドとの交信マニュアル

ヘミシンクライフをさらに楽しむヒント。ガイドとコンタクトできるコツ満載！

坂本政道／監修　　藤由達藏／著

驚異のヘミシンク実践シリーズ３

超時空体験マニュアル

あなたにもできる過去世・未来世の体験。未知の扉を開こう。

坂本政道／監修　　芝根秀和／著

ヘミシンク家庭学習シリーズ

※直販、通販および一部書店（特約店）のみの販売商品です。

ヘミシンク完全ガイドブック
Wave I ～ Wave Ⅵ

坂本政道／監修
芝根秀和／著

Wave Ⅰ　本体　2500 円
Wave Ⅱ～Ⅵ　本体各 2000 円

ヘミシンク家庭用学習プログラム
『ゲートウェイ・エクスペリエンス』
完全準拠！

初心者からベテランまで役立ちます。ヘミシンク・セミナーのノウハウをもとに編集されており、実際のセミナー受講と同じようなスタイルで学習を積み重ねていくことができるファン待望のガイドブック。

> ※このガイドブックの内容は、アクアヴィジョン・アカデミーのセミナーで教えているものです。モンロー研究所で発行する公式出版物ではありません。

『ゲートウェイ・エクスペリエンス』対応ＣＤがついたお得なセット

ヘミシンク完全ガイドブック CDBOX

Wave Ⅰ　本 体　14000 円
Wave Ⅱ～Ⅵ　本体各 13500 円

坂本政道監訳シリーズ

死後探索1　未知への旅立ち

本体1500円

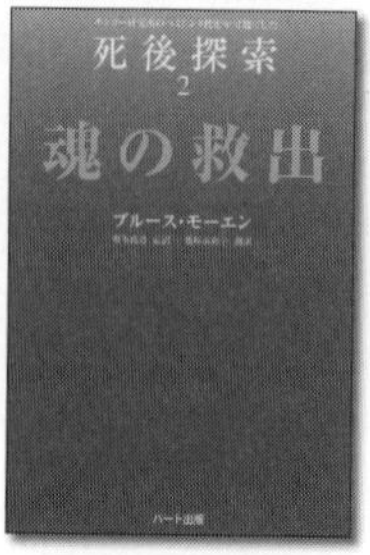

死後探索2　魂の救出

本体1950円

死後探索3　純粋な無条件の愛

本体1800円

死後探索4　人類大進化への旅

本体1900円

死後探索マニュアル

本体2800円

ブルース・モーエン：著
坂本政道：監訳
塩﨑麻彩子：訳

シリーズ１から始まった死後探索がついに完結。
モーエンが、いかなる変化を遂げていったのか。
我々は、モーエンの体験と変化を通して、
来るべき「人類進化の姿」を知ることになるのだ。

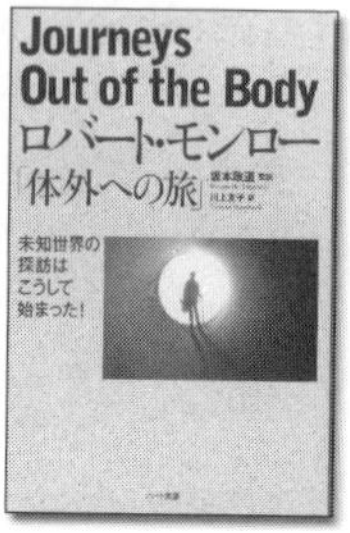

ロバート・モンロー　体外への旅

ヘミシンク創設者が体外離脱について著した古典的名著の初の全訳。

R・モンロー／著　本体2000円

全脳革命

ヘミシンクを人生や実生活に役立てている人たちによる詳細レポート。

R・ラッセル／著　本体2000円

坂本政道の本

アセンションの鍵
2012年とアセンションの大きな誤解。バシャールとの交信が真実を明らかにする。
本体1500円

ピラミッド体験
バシャールが教えたピラミッド実験で古代の叡智が暴かれる!!
本体1800円

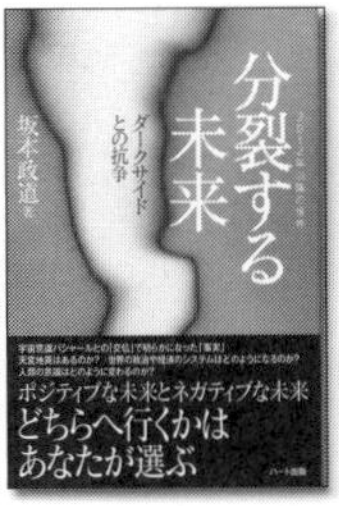

分裂する未来
バシャールとの「交信」で明らかになった「事実」。ポジティブとネガティブ、未来を選ぶのはあなた。
本体1500円

2012年目覚めよ地球人
2012年は一大チャンスだ。人類は「輪廻」から卒業する。
本体1500円

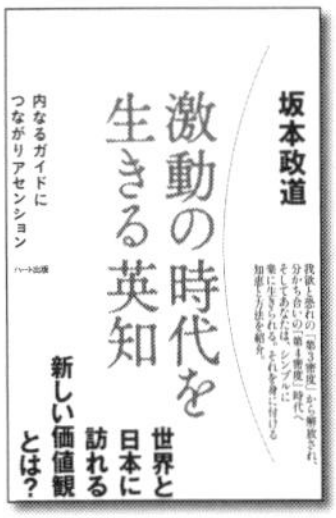

激動の時代を生きる英知
世界規模の激しい変化。人類がこれからを生き抜くために必要な英知を内なる高次意識に聞く。
本体1400円

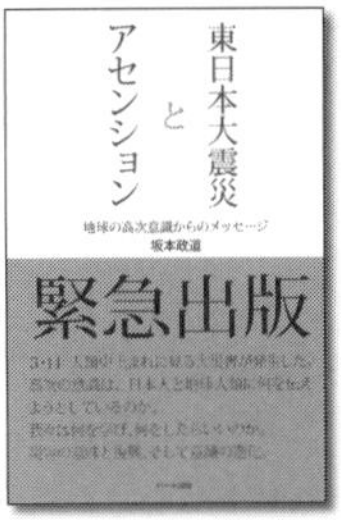

東日本大震災とアセンション
3・11の意味とは？ そしてこれからの日本と世界は……
本体1300円

死後体験
日本人ハイテクエンジニアによる世界観が一変する驚異の体験報告。シリーズは4まで。
本体1500円

2012人類大転換
我々はどこから来たのか？死後世界から宇宙までの数々の謎が解き明かされる。
「死後体験」シリーズ4。
本体1500円

坂本政道
ベールを脱いだ日本古代史Ⅱ
伊勢神宮に秘められた謎
よみがえる縄文の男神と女神
元半導体エンジニア「理系」著者渾身の書き下ろし第2弾。
トート、ディアナなど高次意識の情報から導かれた"異色の古代史"
ヘミシンクファンだけでなく、古代史・超古代史ファン、パワースポットファンにもおすすめ。
古事記・日本書紀にある全国有数の神社に祀られる祭神をめぐる中、神武東征のさらなる驚愕の「新事実」が明らかになる。